気持ちの片づけ術

イライラ、クヨクヨ、不安、後悔、焦り、自信がない、怒りっぽい、自己嫌悪、あの人が嫌い

メンタルコンサルタント
笠原 彰
Akira Kasahara

sanctuary books

メンタルは技術です

イライラ、クヨクヨ、不安、後悔、焦り、
自信がない、怒りっぽい、自己嫌悪、あの人が嫌い……
こんな気持ち、なくなってしまえばいいのに。

いつも安定した気持ちでいたい。
どんな場面でもビビらない強いメンタルがほしい。
誰に対してもいつも笑顔でいられる穏やかな心がほしい。
凹んだり、落ち込んだりしない、前向きさがほしい。

でも、自分がネガティブな気持ちを抱くのは、生まれつきの性格で変えられない。
そう思ってあきらめている人も多いのではないでしょうか。

それは誤解です。
メンタルは変えられます。

イヤな気持ちや負の感情を抱いたことのない人はいません。

大舞台でも力を発揮し、結果を出し続けているトップアスリートでも、
ハイリスクなプロジェクトを成功させ続けている一流ビジネスマンでも、
いつも笑顔でイライラしたところなど見たことのない隣のあの人でも、
どんな人のなかにも、負の感情は必ずあります。

落ち込んだり、イライラしたり、不安に苛まれたり、後悔のない人はいません。

ミスやトラブル、ピンチに遭遇したとき、
不安や焦り、怒りを抱くのは、人間の防衛本能です。

こうした負の感情をなくすことはできません。

では、感情がいつも安定している人と、
感情が乱れてふり回されてしまう人のちがい、
メンタルが強い人とメンタルが弱い人のちがい、
とは何でしょうか。

そのちがいは、
負の出来事に遭遇して、感情が乱れたとき、
感情をコントロールするコツをもっているかどうか、です。
イヤな気持ちを抱いたとき、
そこからリカバリーするコツをもっているかどうか、です。

メンタルは技術です。

ネガティブな感情をなくすことはできません。
でも、この技術を身につけることができれば、
感情が乱れることがあったとしても、
その気持ちにふり回されたり、長くひきずったりすることがなくなります。

本書では、感情をコントロールし、
イヤな気持ちを片づけるコツを30、紹介したいと思います。

コツといっても、特別な技術ではありません。
心理学的な根拠に基づき、私のメンタルトレーニング指導の経験からも、
誰にでも必ず再現できるスキルです。

さあ、そのイヤな気持ちを、片づけてしまいましょう。

CONTENTS

CONTENTS

気持ちの片づけ術

RULE 1

あなたの弱さは、あなただけの武器になる

みなさんは、強いメンタル面を持つ人に対して、どういう人を想像しますか？鋼のような強い意志、挫折しても何度も立ち上がるヒーローかもしれません。ところが、多くの人は、普通の人です。弱さを持っています。弱いと自信を持つことができないかもしれません。しかし弱くて自信がないからこそ、自信をつけたいために、努力して、弱点を克服しようと思います。トレーニングして、少しずつ成果を出し、少しずつ自信がついていく、その繰り返しです。

実は、トップアスリートほど自信がないのです。自信がないからこそ努力するのです。自信のなさは、努力するモチベーションになるのです。

ライオンのように強くなろうとすることは選択肢のひとつですが、**大事なのは**

「強くなること」よりも「生き残ること」です。生き残れば、さらに上に行ける可能性が出てきます。弱肉強食とよく言いますが、実際はライオンしか生き残れないわけではありません。**生き残るには、「隠れる」「逃げ足を速くする」「虎の威を借る」など色々な方法があります**。ライオンになろうとして、競争して、傷つき、死んでしまうより、シマウマとして生き残ることで幸せになることがあります。違う世界や違う場所で生きていけば、自分の夢を実現できるチャンスが残ります。ライオンになるだけが人生ではないのです。

自分の弱さを理解し工夫することで、生き残るチャンスが増えます。弱さは、努力の原動力なのです。自分の弱さを工夫したり、克服する努力をすることで、自分が成長できる可能性が高くなります。ネガティブ思考の人は、ポジティブ思考を何度も言い聞かせて、ポジティブ思考を習慣化する方法があります。または「失敗したらどうしよう」と徹底的にネガティブ思考になることで、「失敗しないための対策」を立てることもできます。失敗しないための対策をたくさん立てると、どんな失敗にも対処しやすくなり、自信が出てきます。

セブンイレブンは、小口配送を実現し、コンビニという新しい市場を開拓しました。もし巨大百貨店と競争していたら、今頃は同じ運命をたどっていたかもしれません。

ドン・キホーテは当時、誰も、夜の雑貨小売りをしていなかったときに、夜のマーケットに進出して今の地位を築きました。夜には夜のリスクもありますが、幹線道路沿いの目立つところに夜中にも店を開けることで、他の小売店と差別化を図りました。夜に目立つことに、活路を見いだしたのです。

無理して巨人と戦う必要はありません。**自分の弱さは、そのまま差別化の材料になります。**強みは弱みに、弱みは強みになります。長所は短所に、短所は長所になります。自分の**弱さをメンタルトレーニングで克服するより、自分の弱さをしっかり見つめることで、それを武器に**した方が勝てるチャンスが広がります。強みを活かすことも、弱みを活かすことも、結局は同じことです。自分に強みがないと思ったら、弱みを見いだせば、それが生きていく知恵になります。

「メンタルを強くする系」の本の多くは、感情論や根性論、個人の経験など、他人がまねできず、一般化できない、耳あたりの良い言葉が並んでいます。誰でもできるという面では、科学的に裏づけされたものでなくてはいけません。科学的というのは、学会で証明されたり多くの実験で証明された理論を意味します。全ての人に当てはまる理論はなく、個人差が大きいといえます。**全く新たなテクニックを身につけるより、今まで自分がしてきたことを再現する方が、圧倒的に実行しやすい**のです。

私のセミナーやコンサルティングでは、個人ごとにその人の特徴を活かしたコンサルティングをします。新たなことを導入して、その人の良さを殺してしまっては意味がありません。そのときは、その人自身がやりやすいことや、継続できそうなこと、フィットしそうなことをやっていただきます。私は、実験と呼んでいます。自分で実験をしながら、強み弱みを工夫してください。

DO IT 弱点が武器に変わる方法を考えよう

RULE 2

不快な感情を排除しようとしていませんか？

「良薬は口に苦し」と言われています。不快な感情が、悪いとはかぎりません。不快に感じることで、急がず熟考することができたり、周辺を見渡して自分の立ち位置を注意深く冷静に見ることができることもあります。**緊張や不安などの不快な感情は、注意力や冷静さを高めるために、有効に働く**こともあります。

たとえば、アスリートから、「不安だったけど、自信をもってプレーできた」、というコメントを聞くことがあります。日常生活でも、「緊張していたが、結果的にはうまくいった」という経験が、みなさんにもあると思います。決して100％の状態やベストな状態ではなく、不快な感情はあったけれど、良いパフォーマンスを発揮することができた、という経験が、みなさんにもあると思います。

良いパフォーマンスには、「有益で不快な感情」も役立つということです。
・イライラしているけど、前向きである
・腹が立ったけど、良い結果が出た
・緊張していたけど、結果は改善した
など、パフォーマンスにプラスになるなら、不快な感情も良しなのです。アスリートの中には、「本番でリラックスは有害」と言う人がいます。リラックスしすぎてしまうと、適度な緊張感までなくなってしまうことがあるからです。人には、それぞれ自分に合った緊張感があります。これをIZOF理論と言います。

リラックスしたり、ポジティブな感情によって、全ての人が、必ずしも良い結果を出すわけではないのです。無理にポジティブ感情にすることで、かえって緊張や不安が出てきてしまったり、パフォーマンスを落としてしまうこともあるのです。**不快な感情が出たとしても、無理に排除しない**ことです。

そうは言っても、不快な感情が出てくると、誰でも良いイメージは出にくくなります。そこで、「あ～今、〇〇という不快な感情が出てきたな～」と気づいて、受け入れることが重要です。今流行のマインドフルネスの考え方です。

気づくだけで自分を客観的に見られている証拠になります。自分を自分で見ることで、安定した感情を維持することができます。不快な感情が悪いわけではなく、不快な感情によって、自分を客観視できなくなり、ネガティブな思考と行動になってしまうことが問題なのです。

喜怒哀楽という感情は、本能的なものですので、**抑えようとしても限界**があります。不快な感情が出ていても、今やるべき行動ができていれば、良い結果が出るのです。良い結果が出なければ、行動と思考に課題があるということになります。行動と思考を変えていけば良いのです。不快な感情をきっかけにして、行動と思考がコントロールできなくなることで、良い結果が出ないのです。**不快な感情は抑えるのではなく、気づいて、受け入れるだけで良い**のです。無理に感情をなくそうとしたり、抑えようとしたりすると、そのことに集中してしまって、行動が疎かになるのです。〝気づく〟に留めておき、それ以上の対策を講ずることはせずに、行動に注意を向けることです。
自分にとって、有益な不快な感情とは何か？を考えておくことです。
・怒り（適度な怒りは、自信、根性、プラス思考につながる）
・ビビる（ビビりは、注意力につながる）
このように不快な感情が出ても、やるべき行動ができれば良いのです。やるべき行動ができるように、練習してください。3か月間毎日続けてみてください。だんだん習慣になってきます。

DO IT 不快な感情をなくすのでなく、上手につき合おう

RULE 3

クヨクヨするのは悪いことではない、思いっきり落ち込もう

普段、仕事や家庭のことで、思わぬ出来事に出くわし、落ち込むことがあると思います。「いちいち落ち込んではいられない」とは思っても、切り替えがうまくいかないことがあります。そういうときは、**中途半端に落ち込むのではなく、とことん落ち込むことで、**切り替えが早くなります。

まずは、「なんて私はバカなんだ！」「あーもうだめだ〜！」などと、しっかり自分へのダメ出しをして、落ち込みます。中途半端な落ち込みではなく、徹底的に落ち込みます。徹底的に後悔して、葛藤してください。周りの環境が許すのであれば、声に出したり、ジェスチャーを入れるなど、行動を入れてみてください。十分に落ち込む自分を自覚できます。

スポーツでも、この方法は効果的で、よく使われています。野球では、ホームランを打たれたピッチャーが、下を向くことがあります。テニスでは、サーブをミスしたら、大声で叫んだりしている光景をよく見かけます。自分へのダメ出しをしっかりと表現します。トップアスリートほど、意図的に自分のミスに対して、大声でダメ出しをして、次への切り替えを明確にします。

重要なポイントは、十分に落ち込む時間を決めることです。10秒だけ落ち込む、10歩歩く間は落ち込むなどです。競技種目によって、落ち込む時間には幅があります。野球の場合、投手なら、次のバッターに投球する前までの十数秒間、テニスなら、次のサーブまでの十数秒間、ゴルフなら10歩歩く間の時間などです。

会社でイヤなことがあったとき、家でイヤなことがあったときなど、シチュエーションによって、「落ち込む時間」と「落ち込み法」を決めておきましょう。たとえば、頭を抱える、肩をがくっと落とす、クッションにパンチする、カラオケやお風呂で悲しい歌を歌う……。人目が気になる人は、会社ならトイレの個室で。落ち込むのは、家に帰ってひとりの部屋に入ってから。逆に家に帰り着く前のどこかなど、人目を気にせず思いっきり落ち込める場所を決めておくと良いでしょう。

内容によっては数時間から、半日落ち込むこともあるかもしれません。長い時間でも落ち込む時間を決めておくことで、やはり切り替えがしやすくなりますので、ショートバージョン、ロングバージョンを決めておくことも1つの方法です。**「時間を決めてしっかり落ち込む」**ことは、大きくジャンプするために、しっかりしゃがむ、ということに似ています。時間を決めて、十分にしゃがめば、切り替えの力は蓄えられ、しっかりジャンプできるということです。自分へのダメ出しは、良くないとされますが、実際は、**プラス思考だけでは解決できない**ことが多いです。落ち込まない生活など実際にはありえません。

落ち込むときは、その原因を自分の中に模索したり、原因を分析することが多いと思います。そうすると自分の内側に集中しがちになります。内側への集中は、切り替えの第一段階としては必要ですが、長すぎてしまうと、基本的にネガティブ思考になります。自分の外側へ集中するためには、声を出す、大きなジェスチャーをするなどの**行動を入れることで、外側への集中を促す**ことができます。

いかに早く切り替え、立ち直れるかで、自分の人生が変わると言っても過言ではありません。トップアスリートはミスを前提に戦略を組み立てます。ミスはしない方が良いですが、ミスを前提とした対策も必要です。ミスからいかに早く立ち上がるか、切り替えが重要なのです。

日常生活では落ち込むことが突然、やってくることを前提として、「時間を決めてしっかり落ち込む」自分のルールをマスターしておけば、切り替えがしやすくなります。

「切り替えとは、次への集中」です。誰でも落ち込むことはあります。「時間を決めてしっかり落ち込む」自分のルールさえ身につけておけば、切り替えがしやすくなります。

DO IT 自分なりの「落ち込みのルール」を決めておこう

RULE 4

ネガティブイメージは友だち

ある分野で経験が長かったり、あるいは、人生経験が長ければ長いほど、**良い結果ばかりではなく、悪い結果も経験として蓄積**されます。チャンスに、痛恨のミスをしてしまうと、それがネガティブイメージとなって残ることがあります。ショックが大きいほど、それがいつか再現されるのではないかという不安がずっとつきまといます。過去のネガティブイメージが出ないようにするには、どうすればよいでしょうか？　どちらかといえば、失敗した経験の方が多いのが普通だと思います。ネガティブイメージがくることを前提に、準備しておかなければなりません。

ネガティブイメージ対策は、ネガティブイメージを忘れようとするのではなく、今やるべき行動に集中することによって、**相対的にネガティブイメージが出てくる割合を少なくする**ことです。人間はパソコンのように、過去の悪いイメージを消去することはできません。無理に消そうとすると、ネガティブイメージを消すことや出てこないようにすることに集中してしまい、本来やるべき行動に集中することができなくなってしまいます。むしろ一生懸命消そうとすることで、ネガティブイメージがよけい鮮明に焼きついてしまいます。

ネガティブイメージから逃げる（出ないようにする）
←
よけい鮮明になる
←
身体反応が出やすくなる
←
身体反応を抑えようとする

←身体反応は本能的なものなのでコントロールしにくい
←よけいパニックになる

このような悪循環が、ネガティブイメージのモデルです。日常生活や人間関係では、苦手なことや苦手な人が出てくることが多いです。ビジネスにおいても、得意なことだけでなく、苦手な局面も発生することが多いです。いつかネガティブイメージはくるものだということを前提とした対策と、どのような対策を取るかが重要になってきます。チャンスに強くなるためには、ネガティブイメージがくることを前提に、行動を準備しておかなければなりません。「ネガティブイメージ君が出てきたね」「ネガティブイメージ君、お疲れさま～」という感じで、**来るもの拒まず、でも対策はしっかり**、という具合です。対策としては色々ありますし、好みにもよりますが、基本的には「行動を入れること」です。人は失敗すると、普通は下を向きます。気持ちを切り替えるために、「意志を強く持つ」といった抽象的な心構えを持つよりも、「顔を上げる」といった方が、効果的です。
ネガティブイメージが出てきたら、
・服についているほこりを払いながら、ネガティブイメージも払ってしまう
・手を洗って、ネガティブイメージも洗い流す
・足をしっかり踏みつけて、ネガティブイメージを踏みつぶす
このように、**ネガティブイメージは突然やってくることを自覚するということが大切**です。もしネガティブイメージが来ても「あ、来たな」と自分を客観視できるという「メタ認知」が働き、冷静になれる効果があります。行動を習慣化することは、一朝一夕にできるわけでなく、やはり事前に何度もトレーニングしておかなければなりません。十分な準備ができていれば、ネガティブイメージがきても、減少させることができるのです。

DO IT

ネガティブイメージは「行動」でかき消す

RULE 5

ネガティブ思考が止まらない

ネガティブ思考が止まらない状態は、悪いことばかりではありません。危険を察知する防衛システムが働いて、**自分自身を防衛できている証拠**だからです。

人の心理では、「生きていたい」より、「死にたくない」という方が強いモチベーションになります。どちらも「生」への執着ですが、「死にたくない」という切迫感がある方が、何かをするために、強いモチベーションになるのです。「生きていたい」を「接近動機」、「死にたくない」を「回避動機」と言います。回避動機とは、いわゆる火事場のバカヂカラです。危機的な状況のときに、とても強い力を発揮できるのです。ネガティブ思考が止まらないことは、悪いことばかりではないということです。**無理にポジティブ思考に変えるより、ネガティブ思考の**

あるがままの自分で努力した方が、成功することがあるのです。自分がすでに持っていることをアレンジするだけですから、成功確率が高まることがあります。今までやってこなかったことを始めたり、ポジティブ思考に無理に変える必要はありません。

ポジティブ思考の人は、「どうにかなるさ」と考え、ネガティブ思考の人は「うまくいかなかったらどうしよう」と考えます。いずれも「未来という不確実なもの」をどのようにとらえているかだけの違いです。この段階では、どちらも未来へ向けて思考しているだけの状態です。ポジティブ思考の場合、「どうにかなるさ」と考えているだけで、何も実行しなければ、将来得られるものは何もありません。ネガティブ思考の場合も、「失敗したらどうしよう」と考えているだけで、対策を実行しなければ得られるものはありません。どちらも行動をしなければ、結果を得ることはできません。**ポジティブ思考だから成功確率が高いというわけではありません**。明るい未来を考えて行動するか、暗い未来を考えて行動するか、どちらも行動することに関しては、変わらないのです。

ネガティブ思考が止まらない人の悩みの多くは、**ネガティブ思考だけで終わってしまうこと**です。ポジティブ思考の人は、夢想だけで終わってしまうことが多いです。

ネガティブ思考の場合は、優先順位をつけてみましょう。「失敗したらどうしよう」「厳しい環境になってしまったらどうしよう」などネガティブ思考が止まらないときは、あるネガティブ思考の発生頻度と、それが起こったときの影響の大きさを図に表してみましょう。発生頻度が高くて、それが起こったときの影響が大きい思考の解決が最優先になります。1つだけに絞った方が良いです。逆に言えば、その1つを解決したら、他のものは、芋づる式に解決することが多いので、無視しても大丈夫でしょう。多くの場合、**最も優先順位の高い1つを解決すると、悩みの50％以上は解決したことになる**というケースが多いからです。

対策のコツとしては、「今に集中」です。**未来に集中することは、先読みの誤りという思考の歪みを起こしやすく**なります。先読みの誤りとは、悪い未来が待っていると決めつけてしまう思考です。例えば「失敗したらどうしよう」がプレッシャーになります。逆に、過去に集中するのは、後悔ということになります。どんなに後悔しても、やり直すことはできません。注意資源という心理学理論があります。ある一定の事柄に注意が向きすぎてしまうと、別のことへの注意が散漫になってしまうという考え方です。未来や過去への集中は、今への集中を散漫にしてしまうのです。ネガティブ思考が止まらない人、心配しだすと止まらない人、後悔ばかりしてしまう人などは、未来や過去への注意が多すぎて、注意が散漫になっていることが多く、**今やるべきことに注意が最大限向いていない**ために起こります。ネガティブ思考のままで良いですが、その対策は「今に集中」です。コントロールできるのは、今この瞬間の思考と行動だけです。おススメの方法は、「今やるべきことは？」と自分自身に問いかけて、自分自身で答える方法です。

DO IT ☞ とりあえず1つの問題だけに絞って、対策を考えよう

RULE 6

怒りをコントロールする

怒りの感情にかられたとき、それに合わせた表情・態度・姿勢、たとえば「眉間にしわが寄る」「口がへの字になる」「腕を組む」といった行動をそのまま出してしまうと、怒りのコントロールが難しくなってしまいます。怒りの感情にかられたとしても**「目元・口元はソフトに」「腕はゆったり後ろに」**など、表情・態度・姿勢をコントロールすることを習慣化できれば、怒りの感情をコントロールすることができるようになってきます。

最初は難しいかもしれませんが、日常生活の中で意識してトレーニングを実行することです。そうすると、怒りの感情にかられたとしても、行動が乱れることなく、感情をコントロールすることができます。感情をコントロールすることを目的とするメンタルトレーニングは、一朝一夕で習得できるものではありません。多くの人が即効性を求めますが、感情をコントロールするためには、最低でも3か月は必要です。

「怒り」にかられたときは、つねに**「思考」「感情」「身体反応」「行動」のキーワード**を思い浮かべてみましょう。感情のコントロールを身につけるためには、このうち2つをトレーニングすることが重要になってきます。

「メンタルトレーニングは、「思考」「感情」「身体反応」「行動」のうちどの2つをトレーニングすると思いますか？」と問いかけると、多くの人が「感情」や「身体反応」と答えます。正解は「思考」と「行動」の2つです。この質問の正解率はわずか20～30％です。メンタルトレーニングを受ける際、多くの方が感情と身体反応を悩みと認識しているからです。しかし、感情と身体反応をコントロールすることは非常に難しいことなのです。

そこで、比較的コントロールしやすい思考と行動をトレーニングすることによって、**ネガティブな感情と身体反応を〝急に〟なくすのではなく、〝徐々に〟**

減らしていくことを目指します。

感情には、ポジティブな感情とネガティブな感情があります。ネガティブな感情の中で、厄介な感情の1つが「怒り」です。怒りとは、急激に起こる突発的な感情です。判断力、決断力、自信、予測力など多くのメンタル面を低下させてしまう感情です。だからこそ、怒りは最もコントロールする必要がある感情なのです。

怒りのようなネガティブ感情のすべてが悪いわけではありません。怒りの感情は効果を考えて意図的に使うことで、メンタル面を強くすることができます。怒りを使いすぎることは禁物です。怒りの感情が頻発してしまうと、相手は距離を置いたり反発したりするようになるので、注意が必要です。

自分がいつ、どんな状況で怒りを感じ、どう行動するのか、**怒りの自己分析を行うことが、怒りのコントロールの出発点**です。この点を理解して、思考と行動のトレーニングを続けると、感情と身体反応に変化が出てきます。実際に怒りの感情をコントロールできるようになってきます。自分自身の変化を実感するには、怒りの大きさに点数をつけるとわかりやすくなります。最初のうちは、たとえばトレーニング前の怒りが「85点」で、トレーニング後に「80点」と**5点下がれば十分**です。このように怒りを点数化することで、怒りのコントロールがどのような影響を与えたのかを自分でも感覚的にわかるようになってきます。

DO IT **怒りを点数化することで、怒っている自分を客観視しよう**

RULE 7

怒りをコントロールする3つの行動

怒りをコントロールするために、とくに重要なのが「行動」です。怒りの感情が出たら、まずは自分が「いま怒っている」という事実に気づくことです。怒りの感情が表われたら、そこに「行動」を入れることで、怒りをコントロールするのが基本です。

効果的な方法のひとつに、**「深呼吸」**があります。呼吸は、心理状態や感情の状態と非常に密接な関係があります。怒っているとき、不安なとき、弱気のとき、呼吸は早く、浅く、テンポが不規則になります。リラックスしていたり、集中していて**ポジティブな感情のときは、呼吸は深く、回数は少なめで、一定のテンポ**を刻みます。怒りの感情が湧いているときは、心拍数が上がっているので、心拍数を抑えてリラックスするために深呼吸をするのです。深呼吸を含めた呼吸は、**「吐いているとき」の方が、心拍数は下がります**。吸う方を強調してしまうと、逆に心拍数を上げることになるので、注意が必要です。

「こぶしをグッと握る」という方法もあります。こぶしをグッと握り、一瞬で力を抜く、このような行動のコントロール方法を「筋弛緩法」と言います。筋弛緩法の対象は、手、肩、顔、お腹、背筋、足などさまざまです。**緊張が最も表れやすいのが、顔、肩、手**です。これらの部分の緊張を取ることが最も望ましいと言えます。

こぶしを握るとき、親指を中に入れて握ります。グッと力を入れてください。このとき１００%の力を入れる必要はありません。80%の力で大丈夫です。力を入れて5秒程度キープしたら、一気に力を抜きます。ゆっくり力を抜くとリラックス感を得ることができません。一気に抜くのがポイントです。時間がないときは、5秒キープしなくてもかまいません。

顔の筋弛緩法は、目がポイントです。顔の中で特に緊張が出やすい場所が、目だからです。私たちが物事を判断するとき、視覚情報がかなりの判断材料になります。目の筋肉が緊張すると、視野が狭くなる危険性があります。目の筋弛緩法は非常に有効です。**目を80％の力で閉じて、5秒キープして、力を抜きます**。

このほかにも、「歯を食いしばる」「くちびるを噛む」「怒っている自分を俯瞰して、頭の中で実況中継する」「自分で自分の身体をギュッとつねる」などのコントロール方法があります。状況に応じて複数の方法を使い分けることをおすすめします。

行動のコントロールに加えてもうひとつ、怒りの瞬間に頭の中に思い浮かぶ「思考」すなわち具体的な〝**セリフ**〟**をコントロール**することも効果的です。行動のコントロールができても、「あいつ何やってんだよ！」と頭の中でネガティブな言葉を思い浮かべていたのでは、怒りのコントロールは、中途半端に終わってしまいます。「思考の置き換え」というテクニックが有効です。怒りの感情にかられたとき、最初はネガティブなセリフが思い浮かんでもかまいません。ネガティブなセリフが出てきたところで〝でも〟という逆接の接続詞を入れて、別の言葉に置き換えてみましょう。

怒りで最初に頭に浮かんだセリフが「あいつ何やってんだよ！　冗談じゃない」だったとしたら、その直後に「でも、あいつならまだやってくれる」というように、ポジティブに置き換えたセリフをいうのです。置き換えた言葉が強がりでも無理やりでも、いっこうにかまいません。最低3か月間トレーニングを続ければ、ネガティブな言葉が出たとしても〝でも〟と切り返し、自然とポジティブな言葉に置き換えることができるようになります。重要なのはネガティブな言葉をなくすことではなく、ネガティブな言葉をポジティブな言葉に置き換える習慣を身につけることです。**「思う」だけでは思考のコントロールですが、「声に出す」ことで行動のコントロール**にもなります。思考と行動の両方をコントロールすることで、感情のコントロールは、より強固なものとなります。

DO IT **怒りを感じたら、こぶしを握って5つ数えよう**

RULE 8

うまくいかないときは、100の努力より1の実験

がんばっても、がんばっても、うまくいかない。そういうときもあると思います。努力をしているのに、結果が出ないというのはつらいものです。真面目な人であればあるほど、それでもなんとか結果を出そうとがんばってしまい、心も身体も疲れてしまうでしょう。

そんなときは、思い切って**がんばるのを止めて、新しい「実験」**をしてみましょう。たとえば、入ったことのない新しいお店に入ってみる、いつもとちがう道を歩いてみる、降りたことのない新しい駅で降りてみる、身につけたことのない派手な色の服を着てみる、話したことのない人に挨拶をしてみる、新しい文房具を使ってみる……どんな小さなことでもかまいません。

ちょっと試してみる、これはメンタル面の強化には、非常に良い効果があります。同じことを繰り返すことで、身体に覚え込ませることは大切です。しかし身体は微妙に変化します。成長であったり、加齢であったり、トレーニングの結果であったりなど、毎年同じ身体でいることはありません。イチロー選手のようなトップアスリートも**微妙にフォームを調整しながら、良いパフォーマンスを発揮**していきます。それを私は、「実験をする」と言っています。実験によって、新たなアイデアや発想に気づくことができます。

大きな実験は、時間も労力もかかります。小さな実験を試してみましょう。ポイントは、「実験は意識して実験すること」です。意識して実験すれば、失敗の原因がわかってきます。偶然うまくいったものを再現することはできません。自分にマッチした成功基準を見つける実験は、その実験の数が多いほど、多くの成功基準が見つかる可能性が高まります。簡単な実験から始めてみましょう。小さな実験とは、たとえば集中力を高めるテクニックでは、**どのような方法が自分に合っているかを、色々実験**することです。短い簡単な作業を行うことで、脳が軽い興奮状態になります。これを作業興奮と言います。スポーツなら軽くその場でダッシュ、大声を出す。仕事なら、机をふく、軽く音読をする、短時間の散歩など、「これをすると集中状態に入れる」というものを色々実験して、「自分だけの作業興奮行動」を作ってみましょう。

「休むも仕事」ですが、自分に合った休み方をした方がぐっと疲労は取れます。

休みの定義は、人それぞれです。

・ゆっくりとした雰囲気を味わえば、リラックスできる人
・実家に帰れば、リラックスできる人
・新しい刺激を受ければ、リラックスできる人
・運動や睡眠をとれば、リラックスできる人
・「休むも仕事」と思わない方が、リラックスできる人（笑）

などです。基本的に、人は「寝だめ・食いだめ」はできません。通常モードに戻すのに時間がかかりすぎる方法は逆効果です。良いパフォーマンスを発揮するのに必要なレベル、疲労回復に必要なレベルは、自分にとってどの程度か、実験

してみましょう。新しい自分の休み方が見えてくるかもしれません。新しく開店した店にちょっと入ってみる、そんな実験こそが自分を大きく飛躍させます。**「実験は意識して実験すること」**も忘れずに。

DO IT **1日に1回、「実験」してみよう**

RULE 9

自信をもたなきゃと思わない

「自信をもちたい」は、一番相談が多いリクエスト項目です。しかし、自信をもちたいと思う必要はありません。自信をもちたい、という人は、自信があると良い結果を出せると考えているようです。しかし、実際はそうではありません。良い結果が出たから、結果的に自信をもてるのであって、勝てる自信やうまくやれる自信があったから、勝てたケースは意外と少ないです。逆に**自信がなくても、勝てるときはたくさんある**のです。自分に自信があっても、相手の実力が上であれば、勝つことはなかなか難しいものです。自信の有無は、結果に影響を与えることは確かですが、どうしたら自信をもてるかと考えるだけでは、自信をもつことはできません。自信をもとうとするのではなく、何か計画があれば、それを具体化した行動を確実に実行していくことです。つまり、しっかり練習をすることです。

「私はここまでしっかりやってきたんだ！」と考えることができます。練習に裏打ちされた今までの行動が自信につながるのです。最初から自信はもつ必要はありません。と言うより最初から自信をもつことはできないのです。

自信をもちたいという人の多くは、適当な練習で、メンタル面だけ強くなりたい、と考えることが多いです。メンタルトレーニングは、魔法ではありません。メンタル面だけ強くても体力や技術がなければ、スポーツだけでなく、仕事や日常生活においても、良いパフォーマンスを発揮できません。

メンタルトレーニングはなぜ必要かというと、練習をしていて、弱気になったり落ち込んだり、不安や緊張が出てきたときに、それらを回避したり、排除したりするために必要なテクニックを学ぶことができるからです。メンタル面だけ強くても、練習しなければ、良い結果は生まれません。ハードワークには、強いメンタル面が必要なのです。

ハードワークが必要だと言った瞬間に、落ち込んでしまった人がいるかもしれません。ハードワークなしでも、自信がつく方法をお教えしましょう。

まず、「自信がない人」というのはどのような人か、想像してみてください。下を向いている、猫背である、声が小さい、歩幅が狭い、表情が暗い、こんな感じを想像すると思います。自信があるように見せるためには、このような**自信のない人の逆をやってみると、「自信がある人」に見えます**。これをアティチュードコントロールと言います。

視線は前を向き、笑顔で堂々と歩き、声が大きめ……、このような表情や態度で日常生活を心がけていると、周囲からは「少し変わったね？」「仕事、調子が良いの？」「何か良いことあったの？」という言葉をかけられるようになります。周囲のポジティブな反応から、自分自身もポジティブな行動ができるようになります。ハードワークのきっかけを作っていくことができます。

行動を変えることで、自信がない人から自信がある人へ変わることができます。

メンタルトレーニングは、思考を変えるよりも、「行動を変えた方が効果的」ということをおわかりいただけたかと思います。
自信は練習なしでは、身につきません。最初から自信をもとうとしても無理です。しかしそれでも自信をもちたいという人は、自信のない人の逆をやってみると、自信があるように見えます。自信があるように見える、ということが重要です。それによって自分の行動のきっかけを作れるなら、それはそれで良いのです。アプローチは、みなさんが実行しやすい方法でいいです。いずれにしても、自信をつけるには、「行動を強化する」「行動を変える」ことが大切なのです。自信は後からついてきます。

DO IT 自信のあるフリをしてみよう

RULE 10

自分を変えたいときは、◯◯になりきる

自分に自信がもてない。もっと◯◯な自分に変わりたい。そう思っても具体的に何をすればいいかわからないことが、ほとんどではないでしょうか。そんなときは、モデリングがおすすめです。**「お手本」を見つけて、「なりきる」こと**です。

人生を変える最初の一歩は、まず「行動」を変えること、です。

自分をライオンに見立てて、獲物を捕獲する動画を見て、ライオンになり相手を倒す。これはある柔道選手が、試合前に実行していたことです。獣のように相手に襲いかかるというのでは、少し曖昧かもしれません。「ライオンが、最初に相手の首をつかんで襲いかかる」と想定することで、より具体的にイメージできます。**「なりきるなら具体的に」というのがポイント**です。具体性があることで、

やるべき行動が明確になります。がんばっている割には伸びない、パフォーマンスが上がらない、という人の多くは、なりきれていない、という場合が多いです。なりきれていない、ということは具体性がないことを意味します。曖昧な練習計画では、行動には移せません。当然パフォーマンスは上がりにくくなります。

単に精神論的になりきるのではなく、モデリングというステップを踏んで実行すると、効果の上がる運動学習ができることがわかっています。**手本とする行動をさまざまな角度から観察することをモデリング**と言います。

ニューヨークの街を闊歩するキャリアウーマンの歩き方、スティーブ・ジョブズがプレゼンテーションするときの誰もまだ知らない仕草やクセ、いつもニコニコ朗らかなタレントの口調や口癖……。

まずは、なりたい人、憧れの人を思い浮かべて、その人の、仕草、口癖、表情、ファッション……できるだけ細かいところまで観察してみてください。

動き全体をさまざまな角度からイメージします。**鏡を使うことが効果的**です。これを外的イメージと言います。外的イメージができてきたら、座ったまま、自分自身が颯爽と歩いている姿をイメージします。そのとき、自分の筋感覚を感じるようにします。これを内的イメージと言います。内的イメージができてきたら、ゆっくり動いてみます。これをシャドーイメージと言います。スロービデオで再生しているような状況です。最後に実際のスピードに少しずつ近づけて行動することで、効果的な練習ができます。

服装をまねしてみたり、行動をまねしてみたりすることが有効です。鏡に自分を映すことで、客観的に見た自分を映し出すことができるので、ギャップや自分の修正点がわかります。なりきるということは、徹底的にまねるということです。運動学習的には、まねることで筋肉の動きを反復練習することになり、無意識に動くことができる、つまり身体が覚えた状態になります。メンタル面では、まねることだけに注意を向けるので、集中力を高めたり、不安や緊張が入ってくる余地がなくなるなど、ネガティブ感情を排除することができます。

まねをすることは、相手の行動を見てまねをするので、「外側に注意を向けることになります。内側に集中すると、「考えすぎ」の状態になります。考えすぎはネガティブ思考になりやすいです。うつ状態の人は、考えすぎで内側に注意を向けすぎている場合があります。外側に注意を向けることで、ネガティブ思考が入る余地がなくなってきます。やるべきことだけに集中できるようになり、パフォーマンスが向上しやすくなります。技術面のまねをできなければ、メンタル面をまねすることをおすすめします。

そうするとネガティブ思考が生まれにくくなり、メンタル面も安定するという好循環が生まれます。

DO IT 憧れの人の、仕草、歩き方、口調を観察してみよう

RULE 11

もしも私がレディ・ガガだったら…

メンタルトレーニングの1つに、「思考の置き換え」という方法があります。メンタルトレーニングでは、感情を直接コントロールすることはできないと考えます。人が持つ本能的な部分だからです。そこで、直接コントロールできる「思考」を検討していきます。思考とは、「頭の中に浮かんだ言葉」です。例えばドキドキは、感情です。「失敗したらどうしよう」というのは、思考です。ネガティブな思考が浮かんだら、自問自答します。

「過去、同じような経験をしたとき、どのように考えただろう?」

「○○さんだったら、どのように考えるだろう?」

特に**「○○さんだったら、どのように考えるだろう?」は、効果的**です。単に思考を変えようとするより、他の人だったらどう考えるだろうと思うことによって、**別の視点から自分を見つめ直す**ことができます。

誰を思い浮かべるかは、知っている人でも知らない人でもかまいません。実在しない人でもかまいません。例えば映画やアニメのヒーローです。彼らは、最後は必ず勝ちます。最後まであきらめません。極めてポジティブな思考の持ち主です。くじけそうになったときに、たとえば「もしも私がアンパンマンだったら……」と考えてみるのです。

ビジネスで何か困難に直面しているなら、「もしも私がスティーブ・ジョブズだったら……」「もしも私が孫正義だったら……」などと考えてみましょう。

人間関係のトラブルに悩んでいるなら、「もしも私がレディ・ガガだったら……」「もしも私が黒柳徹子だったら……」などと考えてみましょう。

○○さんだったら思考は、自分を見つめ直し、新しい視点の思考を見い出しやすいので、ぜひ試してみてください。

思考の置き換えに、「目的思考」という方法もあります。これは、**ネガティブ**

思考が出たときに、「このためにやってきたんだ」という思考に置き換える方法です。

ここ一番、というチャンスの場面では、誰でも緊張します。緊張して「失敗したらどうしよう」という思考が頭をよぎります。そのとき、「緊張してるからだめだ」ではなく、「よ〜し、このためにやってきたんだ！」という「目的思考」に置き換えて、言い聞かせてください。

実際、多くのアスリートは、「初めての決勝で、すごく緊張しました」などと言います。誰でも「初めて」という場面を経験します。そのような場面では、トップアスリートも緊張します。

ネガティブな思考を遊び思考に置き換える方法もあります。チャンスの場面で、冷静さを保つことができます。通常であれば、スコアを伸ばさなきゃとか優勝しなきゃとか、義務感のようなネガティブな思考が出やすい状況です。しかし、「優勝争いのドキドキ感がたまらない」というふうに、**遊び心、好奇心、挑戦心に満ちた思考**をします。ほとんどの方にとって、自然と出てくるようにすることは難しいはずです。**自然と出てくるようにする必要はありません。強がりでも無理してでも良いのです。**重要なのは、呪文のように唱えて、遊び心に満ちた態度を見せることです。

「行動」と「思考」を変えるトレーニングで、良い結果を出すことができます。

DO IT **ピンチを乗り越える「呪文」をつくろう**

RULE 12

決断力を上げるには、決断するのを止める

人は、多くのことを決断しなければなりません。会社、日常生活、学校、何を食べるか、どのような服を着るか、誰と話をするか。決断の回数は無限と思えるほどあります。決断力がない、うまく決断することができないという人の多くは、つまらないことに神経を注ぎすぎていることが原因です。

人の集中力は、体力と同じで、限界があります。決断力を上げるには、決断する回数を減らし、**重要なことだけを決断する**ことが大切です。

バラク・オバマ前アメリカ大統領は、「私は、常にグレーか青のスーツを着ている。こうすることで、私が下さなければならない決断の数が減る。何を着るか決める余裕はないし、他に決断しなくてはならないことが山のようにあるのだか

ら」と「Vanity Fair」のインタビューで言っています。アップルのスティーブ・ジョブズが、いつも黒のタートルネック姿だったのも同じ理由からと言われています。

Face Bookを作ったマーク・ザッカーバーグも「僕は、社会への貢献に関すること以外では、できるだけ決断の数を少なくするようにしている」とFace Bookの公開Q&Aで言っています。

これは、メンタルトレーニング的に理にかなっていることなのです。**小さな決断でも、心的エネルギーを消費してしまい、注意深く決断できる数は、かぎられてしまう**のです。それがどんなささいな選択であっても、決断するには集中して頭を働かせなくてはいけません。身体を使えば体力を消耗するように、集中力を使っても、体力を消耗します。決断を繰り返していると、疲労が蓄積して、大きな決断をしなければならない場面で、集中力を発揮できなくなるのです。

もちろん、おいしいものを探したり、自分に似合う服を見つけたりする楽しみは大切です。それをどれくらいの優先順位にしておくかは、人それぞれです。考えることが多すぎる人は、できるだけ決断数を減らしておかないと、重要なことで大きなミスをしてしまいます。今自分に**余裕がないと感じている人は、決断数を減らす**ことをおすすめします。少し前にはやった「断捨離」の考え方に似ています。生活をできるだけシンプルにして、不要なものを捨てることで、決断数を減らすことができます。**集中力は体力と比例**します。鍛えることは大切ですが、それでも限界があります。決断する回数を減らすことで、重要な決断をしっかりとできるようになります。**本当に重要なことを正しく決断できれば、他の多くのことまで、解決する**ことが多いです。本当に必要なことは何かを見極めて、その優先順位をつけることが非常に大切です。おいしいものを食べる、似合う服を探すことで、多くのことが解決されるなら、優先順位を上げれば良いのです。そうではない人は、別のことを高い優先順位にもっていって、それ以外は、いちいち決断しないですむように、ルーティン化しておくことです。

決められないこと、決めなくてはいけないことをリストアップしてみて、優先順位や決めるのが苦手なことの傾向などを整理してみると、対策をより立てやすくなります。

DO IT 決められないことをリストアップしてみよう

RULE 13

イライラを整理する

イライラする自分が嫌になることはありませんか？　しかしイライラしている自分に気づいていることは、強みです。メンタルトレーニング的には、セルフアウェアネスに該当します。自分を知るという意味です。自分の弱みを知っていることが、自分の強みでもあります。自分を知っていること、**自分の感情に気づいていることは、自分を客観視できている証拠**です。客観視できていれば、対策を立てることができるからです。対策を立てるためには、イライラという感情はどういうものか知っておくと、対処しやすいです。

イライラという感情は、急に大きく乱れることは比較的少なく、少し乱れている状態から徐々に大きくなっていきます。最初に、感情が乱れやすい状況をリス

トアップしてみてください。感情が乱れやすい状況とは、ほんのわずかでも乱れやすい状況です。仕事や日常生活で、何か連続でミスしたあとでは、対策が後手に回ってしまうからです。連続ではなく、1回ミスしたとき、またはミスしそうな予感がしたときが、ほんのわずかでも乱れやすい状況です。

例えば、朝10分出発が遅れる、相手からの連絡が遅い、指示通りにできていない、など少し感情が乱れるときをリストアップしてください。ここまでできたら、半分解決できたも同然です。リストアップ数は、平均20個くらい、多くて50個程度です。実際にリストアップしてみると、さまざまな状況で、イライラしていることがわかります。

リストアップしたら、**感情をコントロールするためのきっかけとなる行動**を決めてください。深呼吸、ひざの曲げ伸ばし、肩回しでも何でもいいです。なるべく**「その場ですぐにできる行動」**にしましょう。道具がないとできないことや、場所を選ばないとできない行動、公共の場でやると恥ずかしい行動だと、すぐに対処できない場合があるので、対策として役に立たないからです。

具体的な行動を決めておけば、あとはやるだけです。手順は、乱れやすい状況に陥ったら、その状況に気づきます。気づけたということは、自分で自分を冷静に観察できている証拠です。自分を第三者の目から見ている状態、これをメタ認知と言います。メタ認知は、感情のコントロールで重要なポイントになります。

次に、**心を込めた感情をコントロールするための行動という自覚**を持って行動します。行動がていねいになり、テンポが速くなることを防ぎます。脳内の活動を測定した実験では、心を込める自覚を持つのとなんとなくやるのでは、脳内の活動状況が、大きく違うことがわかっています。気持ちが切り替わるというよりは、その行動をできたことが、自分で自分を冷静に観察できている証拠になるわけです。「切り替え」というと、スイッチもオンオフするときのように、パチッと切り替わるイメージがありますが、人はパソコンではありません。そのようなことにはなりません。

調子が悪くなったとき、ゴルフでは打ち急ぐ、ピッチャーなら投げ急ぐなど、行動が雑になることが多いです。日常生活や仕事でも同じで、行動が雑になっていませんか？

人は、イライラしたり、思い通りにならないと、焦りや不安を感じて、行動が雑になり、テンポが上がってしまいます。テンポを下げれば、リラックスできますが、下げすぎると「考えすぎ」の状態になり、パフォーマンスが悪化します。イライラするときは、テンポを数値化して、自分の行動目標にすれば良いのです。**テンポの数値化で、焦りや不安をコントロール**できるようになり、安定したパフォーマンスを発揮できます。テンポについて、次章でさらに詳しく解説します。

DO IT 小さなイライラを書き出して、リスト化しよう

RULE 14

数を数える習慣で、イライラを減らす

イライラ対策には、なにか行動を入れること。またイライラすると、行動が早くなったり、雑になるので、テンポを一定にすることなどを書きました。

テンポを下げれば、リラックスはできますが、下げすぎるとよけいな余裕が生まれてしまい、「考えすぎ」の状態になりやすいです。考えすぎは、パフォーマンスを不安定にします。考えすぎは、ネガティブ思考になりやすいからです。テンポとは、心臓の鼓動のような「ビート」です。「なんとなくゆっくり」のような抽象的な基準ではなく、「いつもの90%のテンポで」などのように数値化します。

テンポを数値化することで、感情のコントロールを微調整しやすくなります。

数値化されたテンポは、そのまま自分の行動目標になります。テンポを数値化することで、感情を微調整しやすくなり、パフォーマンスの安定につながります。日常生活やビジネスの世界では、焦ったり、イライラすることは、多々あると思います。多くの場合、ネガティブな感情は、複数出たり入ったりするので、複雑です。

「考えすぎ」はネガティブ思考になり、テンポが乱れます。「焦りすぎ」はテンポが速くなります。考えすぎか焦りすぎか感情を考えるより、「自分の行動」をチェックしてみてください。「あ、いつもより早すぎるな」「遅すぎるな」と感じたら、行動のテンポをチェックして、修正してみてください。

修正には、1、2、3、4、5と、自分で数を数えて、**テンポを刻む習慣をつける**ようにしてください。安定したパフォーマンスを出せる最適なテンポを覚えやすいです。自分の最適なテンポを50とし、テンポが早くなるほど、55、60、65と数値が上がります。テンポが遅くなるほど、45、40、35と下がるとします。50を基準として、今のテンポが早いか遅いかを数値でチェックしてみてください。**自分の調子が良いときのテンポを数値化して把握**しておくと、乱れたときに、修正しやすくなります。テンポの数値に、客観的な基準はないので、自分の主観で決めてください。自分の最適テンポが漠然としていたり、「何となく」では、修正しにくくなってしまいます。パフォーマンスの修正も難しくなってしまいます。

とはいえ、ほとんどの人は、毎日、一日中テンポを意識して生活しているわけではありません。テンポの乱れに気づくのは、ミスやトラブルが起きてからということが多いでしょう。そうなる前に、小さなテンポの乱れに気づけるように、自分のそのときのテンポが把握できるような、**目安となるルーティンを普段の生活のなかに組み入れておく**と良いでしょう。朝歯磨きをするときの手順、毎日いちばん最初にやる家事、通勤途中に必ず歩く道、仕事を始める前にデスクをふく、お茶をいれる……など、毎日必ずやること、一定のテンポでやることを決めておきます。もし、そのルーティンのテンポが少し乱れているなと思ったら、「ちょっとイライラしてるな」「疲れがたまってきてるかも」というサインです。ミスやトラブルが生まれる前に、イライラしてしまう前に、テンポの乱れに気づくことができます。

自分の調子が良すぎても、テンポが早くなることが多いです。調子が良すぎてテンポが速くなってくると、長続きしなかったり、無駄によけいなことをしてしまい、疲労度が急激に上がったりします。このように積極的に攻めていく心理特性を、行動活性化システムと言います。逆に危険を察知して行動を抑制する心理特性を、行動抑制システムと言います。行動活性化システムが過剰になると、調子に乗って失敗します。行動抑制システムが過剰になると、攻めるべきときに慎重になってしまいます。この2つをうまく調整する方法が、数を数えることなのです。

DO IT 毎日必ず決まったテンポでやるルーティンをつくろう

RULE 15

「聞く」ことの効果

ストレス要因で最も多いのは、人間関係と言われています。そのほとんどはコミュニケーションが問題です。そのときに大事なのが、どこまで相手の話を聞いているかです。

私は、次のようなワークをすることがあります。2人1組で、一方の人に3分間、話をしてもらいます。内容は、政治や経済などの話ではなく、電車の中で席を譲ったとか、カフェの店員さんがやさしかったとか、たわいない話の方が良いです。もう一人は聞くだけです。聞く方には、うなずいたりあいづちを打ちながら、「あなたの話をきちんと聞いていますよ」という態度で、聞いてもらいます。聞き手は決して声を出してはいけません。「確かに！」とか「そうだよね」などと言ってはいけません。話し手は一方的に3分間話し続け、聞き手は聞き続けます。ポイントは、**聞き手は何もしゃべらない**ことです。

身近な人と一度試してみていただくとよくわかると思うのですが、話し手は「自分の話をよく聞いてもらえた」と感じるはずです。これがとても大切なことです。話し手は**3分間、遮られずに話ができると、「聞いてもらった感」**があります。「聞いてもらった感」があると、「自分のことを理解してくれた」という気持ちになります。今度は相手の話を聞こうという心の準備ができます。

人の話を聞いているとき、話の内容が自分もよく知っている話題や、関心の高い話題であると、「そうだよね」「私はこう思うよ」など、ついつい自分の意見を言ってしまいがちです。**話を遮られて、議論になったり、言い合いに発展する危険性**があります。相手は「自分の話をしっかりと聞いてもらえなかった」「自分のことを理解されていない」という気持ちになります。相手の話も聞こうという気持ちがなくなります。

先ほどのワークのように、徹底して相手の話を聞く、そのような姿勢を見せることで、相手は心を開いていきます。そうなると、自分の話も聞いてもらえる可能性が高くなります。

繰り返しですが、ポイントは、聞き手は何もしゃべらないことです。**意識して、一言もしゃべらずに、相手の話を徹底して聞く姿勢を貫く**ことです。日常生活でそのように意識して相手の話を徹底して聞いていますか。「たしかに！」「わかる、わかる」「そうかな～」など同意や否定など短い言葉を挟んだりすることが多いのではないでしょうか。多くの人は自分の経験や能力を発揮しやすい話になると、すぐに意見したくなります。その内容が適切であれば、まだいいのですが、不適切だと、相手は「いや、そういう話じゃない」「少しちがうんだけど……」などと反感を持ってしまったり、互いの距離を遠ざけてしまうことがあります。人間関係を悪化させてしまうことにもなり得ます。

もしあなたが誰かとの人間関係に悩んでいて改善したいと思っているなら、試しに聞き手に徹してみてください。黙って相手の言うことをよく聞く、**聞き手に徹する練習**をしてみてください。一度このような練習をすると、本当に相手の話をよく聞くことができます。

人は**「自分の話をきちんと聞いてくれた人」に信頼**をおきます。「相手に話をさせること」です。「つい話してしまった」というのが理想です。人間関係を良くするには、相手に安心感を与えることが大切です。安心感を与えるには、まずしっかりと聞くことです。

DO IT **聞き役に徹すると、相手に安心感を与えられる**

RULE 16

コミュニケーションは、100%を目指さない

断るのが苦手で、引き受けてしまい、後でしんどくなる……。会議のような大勢の人がいる場で、多数意見に流されてしまい、自分の意見が言えない。そのときは、場の空気で聞き流してしまったけど、後から思い返して、傷ついたり腹が立ったりしてしまう。なぜ言えなかったのかと、後悔したり、クヨクヨしてしまう。空気に流されずにものが言えるメンタル、交渉に強いメンタルの人がうらやましい。自分は気が弱いから、どうにもならないとあきらめている人がいるかもしれません。

そういう悩みを抱えている人は、もしかして100%自分の意見が通らないと、発言する意味がないと思っていませんか。**100%通らないなら、発言しても仕**

方ないという思い込みがありませんか。

このような思考を、心理学用語で**「全か無の思考」**と言います。all or nothing、いわゆる完璧主義の思考です。完璧主義で自分を追い込むことによって、良い結果を出すタイプの人もいます。一概に完璧主義が悪いというわけではありません。しかし、常に完璧、100％の結果を出し続けることも、常に100％のコンディションということもあり得ません。スポーツでもビジネスでも、人間関係でも、むしろ100％の状態であるということの方が珍しく、普通か少し調子が悪いくらいの方が多いのです。どんなトップアスリートでも、大成功しているビジネスエリートでも同じです。

常に100％自分の思った通りに交渉できる人など、世界トップクラスのビジネスパーソンでもほとんどいません。70％、50％くらいのところで、妥協していることの方が多いのです。

いつも100％相手の言うことを飲んでしまい、自分の考えを1％も言えていないのだとしたら、まずは20％、10％でも自分の希望を通すことを目指してみましょう。自分はいつも30％くらいのところで妥協しているなと思ったら、50％を目指してみましょう。

いきなり100％を目指すのでなく、20％ずつ、10％ずつ上げることを考えるのです。たとえば、通らなくてもいいから、いちおう言うだけ言ってみる、ということを目標にするのです。

あるいは、いつも断れないと思っている人なら、**いきなり断ることを目標にせず、その場でOKしない、保留にするということをとりあえずの目標に**してみてはいかがでしょうか。頼み事や依頼は、基本的に依頼する側が切り出すわけですから、される側は不意打ちです。不意打ちにその場で上手に断れないとしても、仕方ありません。いったん保留にして持ち帰って、しっかり断る練習をしてから、断ればいいのです。

そのときは聞き流してしまって、あとから思い返して傷つく、腹が立つという人は、意外と多いと思います。その場で言わなきゃダメだった、今さら言えないと思って、泣き寝入りして、そのままいら立ちをため込んでしまう。そういう人は、後になってもいいから、気づいたときに言ってみることを目標にしましょう。後になって言ったら、なんで今ごろ言うの?と相手が気分を害するかもしれないと心配になるでしょう。全てをその場でいうのがベストかもしれません。でも、誰でもいつでもそうできるわけではありませんし、**そもそも100%のコミュニケーションなんてない**のですから、後で思ったなら、後から言っても良いのです。

まずはこうした小さな目標、10%、20%を積み重ねていくこと。その積み重ねの結果、その場で断ったり、異議をとなえたりできるようになったり、そのうち全員が反対するなか自分の意見を通せるようになったり、大物相手の交渉でも引かなくなったりして、メンタル面が鍛えられていくのです。

DO IT プラス10%のコミュニケーションを目指す

RULE 17

視線をコントロールして、ブレない自分になる

まわりに気を配りすぎるあまり、いろんな情報を入れすぎるあまり、自分のことに集中できない。周囲の空気に流されて判断をあやまってしまう。ブレない自分になりたい。そんな悩みをお持ちの人は多いと思います。自分を変えるには「行動」を変えることです。**「見る」という行動をコントロールすることで、周囲を気にせず、自分に集中することができる**ようになります。

みなさんが何か行動を起こすときの判断基準は、視覚情報です。視覚情報が8割以上です。人間の五感は、見る、聞く、嗅ぐ、味わう、感じるの5つですが、**日常生活での判断となる基準のほとんどは、視覚情報**です。アスリートは、ボールを打つ、投げる、止めるなどを視覚情報によって判断します。一般の人であれ

ば、新聞を読む、SNSの視覚情報でやりとりすることなどが多いと思います。つまり色々な文章や文字を見ることで、行動を決めていきます。何を見たかによっては、感情を揺さぶられることがあります。ポジティブすぎてもネガティブすぎても、正しい判断はできません。冷静に、いつも通りに判断することが大切です。いつも通りにするには、集中していることが重要です。集中するということは、どういうことなのかは後で説明しますが、良い集中とは、適度な緊張感を持って注意している状態を意味します。意識的に集中したいときは、**見るものをコントロールすることで、感情が不安定になることを回避**できます。これを視線のコントロール、またはアイ・コントロールと言います。ここ一番で集中したいときに、見たくないものを見てしまうと、感情に悪影響を与えます。**判断に迷いそうになる情報は、見ない方が集中できます**。例えば、プロゴルファーは、他人がどれくらいのスコアなのか、あえてボードを見ないようにしていることが多いです。他人のスコアよりも、自分が今やるべき行動に集中する、目の前の一打に集中することで、自分の実力を発揮しやすい環境を作ることができます。他人のスコアは、自分にはコントロールできません。コントロールできないことを考えるより、コントロールできる目の前の一打に集中する方が、良い結果につながります。

逆に、スコアボードを見ることで燃えるタイプもいます。これもアイ・コントロールです。見たいものを積極的に見ることで、自分のモチベーションを上げることができます。見るか見ないかは、その人の考え方や好みによるので、どちらが良いとはいえません。緊張や不安が先立つタイプの人は、見ない方のアイ・コントロールが良いでしょう。他人と競争することで燃える人は、積極的に見る方のアイ・コントロールをおすすめします。

どちらでも結構ですが、**重要なことは行き当たりばったりでなく、決めておくこと**です。行き当たりばったりだと、逆に自分のペースを壊してしまいます。日頃からどちらのタイプかは自分で試してみることをおすすめします。多くの実験をして、「どちらが自分の実力を発揮しやすいか?」を試してみてください。

アイ・コントロールは、見るという行動です。見ることは、外に集中することですから、注意を外側に向けることになります。**アイ・コントロールは注意を外**

側に向けることなので、ネガティブ感情を排除できます。積極的にアイ・コントロールすることで、より集中力を高めることができるようになります。何を見るか?はメンタルトレーニングでは、大変重要な要素の1つです。

DO IT 勇気をもって、視線を外そう

RULE 18

緊張する自分をカワイイと思ってみる

大事な交渉や会議の前、プライベートでも大事な話をするときや初めての場に行くとき、緊張してしまうという悩みをもっている人は少なくありません。どうすれば緊張しなくなるか、とよく相談されます。

残念ですが、緊張はなくせません。なくそうとすると、かえって緊張してしまいます。どうしても緊張しやすい人には、緊張をなくすのでなく、「緊張する自分をカワイイと思ってみる」という方法をおすすめします。

緊張する自分をもっと緊張させようと思える人は、かなり高度なメンタルテクニックの持ち主です。これには2つの理由があります。

1つめは、**「緊張している自分が見えている」**ということです。自分が見えていれば、冷静になれたり、適切な判断ができます。本来の自分を見失った状態でイライラしていると、正しい判断はできません。このように**自分で自分を外側から見ている状態を外的イメージ**と言います。鏡で自分を映したり、ビデオ撮影された自分を見ている感じです。ビデオの中のもうひとりの自分を見ていると、恥ずかしかったり、もっとこうすれば良いのに、と思ったことはありませんか？そう思うことで、自分の行動を修正することができます。結果的に良いパフォーマンスにつながっていきます。**「緊張している自分が見えている」ことの利点は、冷静さと修正力**なのです。このようなトレーニングを外的イメージトレーニングと呼んでいます。スピードスケートのあるオリンピック選手は、本番前に観覧席に座って自分のレース展開を想像すると言います。

アスリートだけではなく、歌手の福山雅治さんもコンサート前には、「客席の一番後ろに座って自分がどのように見えるかを想像する」と言っています。福山さんの場合、緊張するということではなく、おそらく良いパフォーマンスを出しているる自分をシミュレーションしているのだと考えられます。どちらにしても、外から自分を見てイメージを作っていることは同じです。

2つめは、逆説志向です。緊張や不安などのネガティブ感情は、普通なら、そのネガティブ感情を抑えたい、出ないようにしたいなど抑制したい思考が出てきやすいです。逆説志向では、「そんな自分をもっと緊張させよう」とユーモアを使って処理していきます。**通常は「抑えたい、見せたくないネガティブ感情」を、逆説的な志向、「ユーモア」として処理**してしまうことで、感情をコントロールしやすくします。逆説志向は、精神科医のヴィクトール・フランクルが提唱した理論です。「緊張したらどうしよう」という不安を「予期不安」と言います。「予期不安」が出てくると、多くの人は、「緊張しないように」と予期不安を消そうとします。しかし消そうとするほど、予期不安は大きくなっていきます。そこで予期不安を消そうとせず、逆に「いつもの2倍緊張してやろう」と思います。このようにとことん緊張してみよう、とことん落ち込んでみよう、という**自分が望む状態とは逆の思考をしてみる**ことで、そのような自分を客観視できて、不安を相対的に減少させていくことができます。

無理にポジティブにする必要はなく、**2倍ネガティブになってやる**ぞ、という逆説志向がユーモアを生み、適度な緊張状態を保つことができます。実際には、2倍ネガティブになることは、なかなか難しいはずです。2倍ネガティブにならずとも、そう思うことによって、開き直りの境地になりやすくなります。開き直りは、フローと言われる理想的な心理状態に近い状態なのです。

他にも、

・緊張する自分をカワイイと思う
・不安がっている自分を笑ってみる

などがあります。ネガティブ感情には、ユーモアを使った逆説志向を使うことによって、自分を客観視してみてください。結果的にネガティブ思考を回避することができます。

DO IT **緊張している自分を鏡に映して観察してみよう**

RULE 19

あえて緊張を上げてみる

多くのメンタル関係の書籍には、「緊張を落とす方法」「リラックスする方法」「ポジティブになる方法」が、主に書かれていると思います。本書でも、緊張やリラックスに関することを書いています。RULE2では「有益で不快な感情」ということを書きましたが、苦い薬は良く効くものです。**緊張という薬は、毒にも薬にもなる**のです。緊張というストレスは、心理的な緊張感を生みます。緊張感が、やる気や集中力を高めることがあります。ドイツのゲシュタルト心理学者クルト・レヴィンは、これをシステムインテンションと呼びました。ある**一定の緊張感が、適度なやる気と集中力を生み出す**という考え方です。

例えばゴルフでは、試合中、順位がボードに表示されています。選手は、自ずと目がボードにいってしまいます。自分の順位が上がると、やる気が出ることもあれば、逆に緊張するかもしれません。順位が下がれば、がっかりしたり、焦りや不安を感じるかもしれません。スコアボードをあえて見ない選手もいます。あえて見ないときは、見たいから見てしまうときと比較して、心理的なストレスが生じます。本当はスコアボードを見たいのにあえて見ない。本当は下を向きたいのに、あえて上を向く。本当は怒りたいのに、あえて笑顔を作る。**ストレスを感じる行動をすることによって、システムインテンションを作り出して**いきます。

緊張を上げることをサイキングアップ、下げることをリラクセーションと言います。緊張を上げたり落としたりすることを、自由にコントロールできたらどうでしょうか? **緊張は、落とすことばかりではなく、上げることが必要**なときがあります。緊張は、普通なら上がってしまうものです。勝手に上がってしまうのではなく、緊張を自分で上げてコントロールする、ということが重要です。

皆さんは、自分で緊張を意図的に上げることができますか? 意図的に上げることができれば、下げることもできるのです。

本当は怒りたいのに笑うことで、**自分にストレスを与えて、適度な緊張感と集中力**を作り出します。失敗して下を向きたいのに、あえて笑顔で上を向くことで、切り替えを早くするという行動をとることもできます。

緊張というストレスは、長所短所をあわせ持っています。緊張は上げたり落としたり、自分でコントロールすることが大切だ、と理由をわかっていれば、本当は怒りたいのに、笑うといった行動で、感情をコントロールできます。

良い結果を出すには、適度な緊張が必要なのです。リラックスしすぎは、パフォーマンスを落としてしまうのです。最適のレベルがどこにあるのかは、個人差が大きいです。あがり症の人は、緊張しない、上がらないようにしようと考えがちです。どんなトップアスリートでも、百戦錬磨のビジネスパーソンでも、緊張をゼロにすることはできません。そうではなく、自分で自ら緊張を上げてみる、そして落としてみる、この両方のトレーニングをすることで、緊張を自分でコントロールできるようになります。ネガティブ感情は全て悪いものではないのです。自分でコントロールできるかどうかが、薬になるか毒になるかの分かれ道になるのです。

DO IT 緊張の上げ下げをコントロールしてみよう

RULE 20

緊張はゼロにするのでなく、5%減を目指す

緊張しない人はいません。はたから見ると、緊張とは無縁そうに見える人も、多かれ少なかれ緊張しています。

緊張や不安は、外敵などから自分を守ろうとする、予感のようなもので、一種の「自己防衛本能」ですから、ゼロになることはありません。ゼロになるのは、寝ているときだけかもしれません。

緊張や不安を抑える方法として、よく使われるのが深呼吸です。呼吸法は大切で、**呼吸の仕方によって、自律神経の働きが変わり、行動にも差**が出てきます。

しかし、深呼吸を何回繰り返したとしても、緊張や不安がゼロになるわけではありません。ゼロにならないものをゼロにしようとすると、よけい焦ってくるので、

何回も深呼吸しようとします。そうなると、今度は自分の注意が、自分の内側に向いてしまいます。内側への集中は、基本的に、ネガティブ思考を起こしやすいです。うつ病の人は、内側に集中しすぎたり、考えすぎたりする人が多い傾向にあります。できるだけ外側に注意を向けることで、緊張や不安が相対的に減少します。**1回深呼吸をしたら、注意を外側に向けて、周囲を確認したり、簡単なストレッチ**をするなど、行動することで注意を外側に向けることができます。

もう少し具体的なイメージをお話ししましょう。最大の緊張レベルを100とします。今90%くらいの非常に高いネガティブ状態にあるとします。1回、深呼吸や軽いストレッチをして、5%落ちて、85%になったとします。**5%落ちれば十分**と考えます。人によっては10%であったり、20%であったりしてもいいのですが、これをいきなりゼロにしようとしないことです。

なぜこの程度で良いのかというと、「良いパフォーマンスには、良い緊張が必要」だからです。**適度な緊張があることで、注意力が維持され、ミスを防いで、良いパフォーマンスを得られる**ことがわかっています。みなさんも良いコンディションのときは、一定の注意力や集中力があると思います。**ぼーっとしているときほど、つまらないミス**をしていませんか？　リラックス法は、就寝するときのように、行動を減らしたいときには必要です。しかし一定のパフォーマンスを出したいときに、リラックスしすぎると、逆効果の場合があります。ベストパフォーマンスを発揮できる、良い緊張レベルを維持するには、最大の緊張レベルを100とし、85％程度の緊張レベルが良いというふうに、**自分の緊張レベルを「数値化」する習慣**をつけておくと、コントロールしやすいです。このレベルには個人差が大きいので、自分で決めれば良いのです。55％の人もいれば、90％だという人もいるでしょう。また、一定の数値ではなく、「70から80であればよい」などレンジで決めても良いでしょう。数値化することで、現状のレベルを把握することができます。

緊張レベルが低い場合は、緊張レベルを上げることが必要です。緊張レベルが低すぎると、ミスをすることが多いからです。緊張レベルを上げることを「サイキングアップ」と言います。逆に落とすことを「リラクセーション」と言います。

サイキングアップは、頬を叩いたり、その場でダッシュしたり、声を出したりするなど、「行動」を入れることで、緊張レベルを高めます。深呼吸はリラクセーションに有効ですが、やりすぎは逆効果です。深呼吸を数回して自分の緊張レベルを確認したら、あとはほおっておきましょう。

DO IT 深呼吸は、数回だけ

RULE 21

身体をあたためれば、気持ちもあたたまる

「頭寒足熱」という言葉があります。足をあたためることで、身体全体へ血液を循環させることができます。頭がのぼせていては、思考ができません。頭を冷やしておく必要があります。身体をあたためて、頭を冷やしておくことが健康につながるという意味です。これは心理学的にも正しく、**体温の上昇は、ポジティブ感情を高める**ことにつながります。**集中力の上昇とも比例関係**にあります。集中力を高めたいときには、身体をあたためておく必要があります。日常生活で調子が出ないとき、緊張や不安などから、ウォーミングアップの時間を取らなかったり、いい加減にやってしまうと、パフォーマンスが悪くなってしまいます。原因がわからない不調の要因を他に求めてしまうと、悪循環に陥ってしまいます。不

調の意外な原因は、体温を上げていなかったことが多いです。そこで、ウォーミングアップを十分に行うことで、集中力を高めることができます。本来の調子を取り戻すことにもつながります。**足をあたためて、身体に血液を循環させて、身体全体をあたためておく**ことで、ポジティブ感情を引き上げることができます。

身体をあたためるには、重ね着をしたり、室温を上げるなどの方法があります。しかし頭の温度も上げてしまうことになります。身体を動かして、**身体の内部から体温を上げる**方がいいです。身体を動かすということは、「行動すること」を意味します。行動することは、「外側に注意を向ける」ことになります。注意が外側へ向くことで、ネガティブ感情の入る余地がなくなり、目の前のやるべきコトに集中できて、集中力アップに役立ちます。

仕事がうまくいかない、日常生活でイマイチ調子が出ない、不調から回復できない、不調の原因がよくわからない。そのようなときは、行動して、**身体を動かし、体温を上げて、集中力を高めて**ください。やるべき目の前のことに集中することができます。目の前のやるべきことに集中するとき、一度に多くのことに集中はできません。1つか2つのことしかできません。集中したいターゲットを絞り込んでください。不調のときは、あれもこれも一度に多くのことを考えすぎて、解決できなくなっていることがよくあります。

身体を動かすと、多くのことを考える余裕がなくなり、思考がシンプルになりやすいです。本番では、シンプルな思考が、やるべきことを明確にして、集中力を高めます。

不調の原因は、たくさんあるかもしれません。**もしたくさんあったとしても、それぞれが均等の量ではなく、1つの大きな原因を解決したら、問題の大半を一気に解決できる**ことがあります。少ない時間の中で、シンプルな思考を使って、大きな不調の原因の1つを解決してみてください。

人は、一度に多くのことはできません。不調のとき、行動を入れて、ウォーミングアップをしっかりとして、体温を上げてみてください。ネガティブ感情の入る余地がなくなり、やるべき目の前のことに集中できます。身体をあたためることは、メンタル面にも大変良い効果がありますから、皆さんも試してみてください。

DO IT 何もかもうまくいかないときは、身体を動かそう

RULE 22

うまくいかないときは、食べて寝る

誰でもプラトーを経験したことがあると思います。プラトーとは、自分が成長していく途中で誰もが経験する一時的な停滞状態のことです。プラトーからなかなか抜け出せない原因の1つに、**食事や睡眠など基本的な生活習慣が**あります。

しかし、それ以外のところから原因を探してしまうことが多いです。仕事のスキルであったり、日常生活における他人とのコミュニケーションスキルなど技術的要因に、プラトーの原因を見いだそうとする人が多いです。あるいは、メンタル面の弱さを理由にするなど、何でもメンタル面を理由にすることもよくあることです。たとえばアスリートの場合は、調子が狂ってくると焦って、練習量を増やす→さらにおかしくなってパニックになることが多いです。また、弱点を修正しようとして練習量を増やす↓弱点はすぐに直るものではないので焦る↓さらに練習量を増やす↓かえってフォームがおかしくなってパニックになる。このようなパターンがあります。**結果を出そうと焦るほど、もがいて沈んでいく**パターンです。

プラトーの原因は、意外と身近なところ、**「食べて寝る」**をきちんとしていないことにある場合も多いです。睡眠時間が不足していたり、睡眠の質が十分でなかったりすると、当然、良い結果は生まれません。睡眠不足は、緊張や不安の原因になります。勝負どころでネガティブ感情をコントロールできなくなります。栄養が偏っていたり、食事の時間がばらばらだったりしていても、やはり良い結果が出る可能性が低くなります。体温の上昇とポジティブ感情には相関関係があります。その場で身体を動かして体温を上げると、集中力が高まり、ポジティブ感情になることができます。**考えすぎはネガティブ感情になりやすい**ことがわかっています。

「フロー（実力を発揮できる理想的な心理状態）」状態に入るためには、まず精

神を安定させることです。そのためには、セロトニンという物質が鍵を握っています。これが不足すると、キレやすくなったり、うつ状態になったり、不安定な精神状態になってしまいます。セロトニンは、睡眠や体温調節など生命維持に不可欠な物質です。体内のセロトニンの95％は、腸で作られます。姿勢を正す、深呼吸で横隔膜を上下させる、朝、太陽に当たる、といった行動で、セロトニンの分泌が活発になり、安定した精神状態になります。栄養は安定したパフォーマンスを発揮するために、重要な要素です。

メンタル面をトレーニングするには、ネガティブな身体反応をコントロールすることが必要です。ネガティブな身体反応は、たとえば、心臓がドキドキする、冷や汗をかく、鳥肌が立つなど、血液循環に関わるものが多いです。このような反応は、全てが悪いわけではないのですが、デメリットもあります。お菓子や甘いジュースをよく食べている人は、バテやすく、キレやすいです。白砂糖系は控えるべきものです。**きちんと食べて寝ることで、身体全体を整えることができます。身体が整えばメンタル面も安定**します。高くジャンプするためには、しっかりしゃがむことが必要です。食べること、寝ることといった根本から見直した方が、プラトーから早く回復することができる場合があります。小手先のテクニックでは、プラトーからは抜け出せません。無理にポジティブになろうとして落ち込むことがよくあります。早めに休息するほど、回復も早くなります。もがく期間が長いほど、回復まで長くかかる場合があります。ちょっとおかしいな、うまく解決できないなと思ったら、「規則正しく食べて寝る」ことをおすすめします。

DO IT いろんなことがうまくいかないときは、あえて原因を探さない

RULE 23

他者と比べてばかりで、疲れてしまったら…

自分と他者を比べて、落ち込んだり、嫌になったり、人をうらやんだり……。もう比べたくない、人と比べるのは良くないと思っても、ついつい比べてしまう。そんな経験は、誰にでもあるのではないでしょうか。

比較することは、必ずしも悪いことではありません。人は、聖人君子ではありません。人は、社会性のある高等生物であり、多くの物欲をもっています。誰しも大勢のなかで生きているひとりですから、**人と比べることは必然的に起こりうる**ことです。人と比べるな、という方が無理な話です。そこで、他者との比較に理論があることを知っておくと、うまく活用できて、気持ちが楽になります。

心理学では、「自我志向」と「熟達志向」という考え方があります。自我志向とは「他者比較でやる気を見いだすこと」、熟達志向とは「自分への挑戦にやる気を見いだすこと」です。英語では、自我志向は「Ego-Orientation」、熟達志向は「Task-Orientation」と言います。エゴ（＝自我）と、タスク（＝すべきこと）の、どちらを優先するかということです。

自我志向は、競争原理で自分を追い込んでいく考え方です。闘争心は高まりますが、プレッシャーも高くなります。一方、**熟達志向は、あくまで自分自身のやるべきことに集中**する考え方です。自分自身の興味や、自分だけの目標設定に意識が向いているので、闘争心を抑えながら、冷静に行動できます。

熟達志向は、状況やレベルに関係なく働かせることができます。常に向上し、熟達したいという目的のために行動します。何より緊張したり不安になったりすることなく、楽しみながら上達できます。

勝ちたいとか優勝したいという考え方は、自我志向に該当します。闘争心を高める反面、緊張や不安の原因になります。それに対して、自分自身の経験とか自己成長に注意が向いている思考である熟達志向は、自分自身との比較なので、緊張や不安を感じにくく、トップアスリートに多い思考パターンです。相手より勝ちたい、**優位に立ちたいという考えは誰にでもありますが、その欲をいったん横に**置いて、今やるべきこと、自分への挑戦を愚直に進めていきます。勝つかどうかは、あとからついてくるものという考え方です。

ライバルの存在で燃えるタイプもいれば、ライバルの存在に関係なく、自分のやるべきことに集中して、実力を伸ばすタイプもいます。どちらか一方が良い悪いということではなく、「うまく使い分けること」です。

自分の**得意分野なら自我志向で、苦手分野は熟達志向で**、というように使い分けると、気持ちがスッキリします。人と比べて落ち込んでしまうという人は、苦手な分野も自我志向で考えているのではないでしょうか。どんな優秀な人にも弱点はあります。それが見えないだけですし、他者にわからないように見せないだけです。見えている部分は相手の強みですから、それと比較して落ち込む必要はありません。

とはいえ、苦手な分野ほど、調子が悪いときほど、他者が気になって、知らず知らずのうちに比べてしまうものです。そういうときは、熟達志向の目標設定をしてみましょう。たとえばある日本人メジャーリーガーは、首位打者や最多安打のような他者との比較ではなく、自分が淡々と積み上げることのできる安打数を目標にしていると語っていました。このように他者との競争と関係ない、自分だけの目標を設定しておくことで、自己の成長に注意を向けさせることができます。

DO IT 熟達志向と自我志向、それぞれの目標設定をしてみよう

RULE 24

やる気スイッチの作り方

人は集中するとき、照明のように「パチッ」と突然電源が入るといった具合に、集中力が高まるかというと、そうではありません。なにかをきっかけにして、少しずつ集中力は高まってきます。

そこで短い簡単な作業を行うことで、脳を軽い興奮状態にしていきます。人は、**すぐには集中状態に入ることができません**。なにかを実行することで集中状態に入ることができます。これを作業興奮と言います。**簡単な作業は、集中状態に入るスイッチ**のようなものです。

作業興奮を作ることで、脳がウォーミングアップされて、集中しやすい状態になります。スポーツなら、軽くその場でダッシュ、大声を出すなどです。

仕事なら、机を拭く、少し音読をする、短時間の散歩などです。「これをすると集中状態に入れる」というものを色々実験して、「自分だけの作業興奮行動」を作ってみてください。短時間でできる行動を入れることで、作業興奮、つまり集中状態に入ることができます。

思いつきでやっても、スイッチは入りません。その時々で変えるものではなく、事前に決めておくことで、その効果を発揮できます。

「これをしたら、私はこうなる」という行動を事前に決めておきます。

「集中したいときは、◯◯のコーヒーを飲む」

「◯◯というストレッチで、自分はスイッチが入る」

「◯◯と言い聞かせれば、自分のモチベーションが高まる」

作業興奮を起こすためには、**すぐに実行できるようなものが良い**です。難しい行動、面倒な行動、時間がかかる行動は、適切とはいえません。

調子が出ないときに「集中、集中！」と言い聞かせても、集中することに集中してしまい、目の前のやるべきコトに集中できません。自分だけの作業興奮行動を練習しておくことです。「ここイチバン」という決め時に、効果を発揮します。「本番」と「本番」の差がなくなり、練習通りのことを本番で実行できます。「本番に強い」人になることができます。本番に弱い人は、作業興奮行動が、行き当たりばったりであったり、練習不足であることが多いです。行き当たりばったりでは、「練習」と「本番」の差が大きくなってしまい、自信をもてません。集中できなくなったときに、ネガティブ感情が出てきて、冷や汗をかいたり、身体が震えたりして、本番で失敗してしまいます。その繰り返しが、自信のない人間を作ってしまいます。そうならないためには、「自分だけの作業興奮行動」を何回も練習しておく必要があります。決めただけでは、効果はありません。何回も練習してみてください。ほかにもっと良い作業興奮行動があるかもしれません。いくつかパターンを持っておいた方が良い場合もあります。人のやることですから、飽きてきたり、**形骸化したりして効果が薄くなってくることがあります。そのときは、作り直してみる**と良いです。また、1つではなく色々な作業興奮行動の組み合わせが必要であったりする場合もあります。

このように何回も試行錯誤したり、練習することが、メンタルトレーニングと言われるゆえんです。何かをちょっと決めてみて、2、3回試してみたところで、効果はありません。試行錯誤や練習の繰り返しが大切です。私は「実験」と呼んでいます。自分に最も適している方法は、他人から与えられるものではなく、自分で発見することが重要です。

これは、集中力が切れたときの切り替えにも使えます。チームをまとめる立場の方、人材育成やリーダーシップを取る立場の方は、みんなの集中が切れているなと思ったら、何か作業興奮行動を入れると、再び集中できます。

DO IT 集中するときに飲むコーヒーの銘柄を決めておく

RULE 25

「ごほうび」の科学

好きなことをする、好きなものを食べることを目標にがんばることは、モチベーション強化に役立つ方法です。好きなことをして食べていけたら最高ですが、現実問題として、嫌なことや大変なことでも、モチベーションを維持していく必要があります。

嫌なことや大変なことを終えたあとに、コンビニに立ち寄るという目標を持ってがんばることを、**「好子《こうし》出現の強化」**と言います。嫌なことや大変なこと、モチベーションが落ちそうなときには、コンビニを思い出して、行動を強化していく方法です。**好子とは行動のあとに出現すると、その行動の発生頻度を上げるご褒美**です。行動のあとに好子を提示することによって、行動の発生頻度が上がることを「その行動を強化する」と言います。

「行動のあとに」というのは、ある行動を強化するためには、その行動が起きてから、**できるだけ早く好子（この場合はコンビニ）が提示されなければ強化されない**のです。もっと簡単にいうと、なにか行動を強化したければ、その行動をしたあとに、ご褒美が出てくる、このようなことが起きれば、その行動は強化されるのです。これは心理学的理論としては有名な考え方です。

しかし、理屈としてはわかっても、ある行動をしたら、いつも誰かが自分にご褒美をひょいっと出してくれることはありません。自分にご褒美を与えるために、自分自身ががんばるのです。自分が好きなご褒美をすぐに頭に思い浮かぶようにしておくことで、自分の行動を強化できます。

みなさんにとって、モチベーションを高める要因は何ですか？　モチベーションには、さまざまな心理学的理論があります。「○○のようにはなりたくない」というネガティブなことにならないようにするために、今がんばる、というのもモチベーションの1つです。「親を喜ばせたい」というふうに、他人のためにがんばるというのも、モチベーションを高めます。このように多くのモチベーション理論がありますが、誰にでも共通する、一番強いモチベーション、というのは存在しません。何が一番強いモチベーションかは自分で決めればいいですし、自分にしかわからないものです。

「好子出現の強化」に話を戻しますが、先ほど書いたように「好子はできるだけすぐに出てくる」ということが重要です。すぐにコンビニに立ち寄れるご褒美があることで、行動が強化されます。**自分がしたくないこと（たとえばしたくない仕事や嫌いな人と仕事をする場面など）をしなければならないときに効果を発揮**します。好きになれない仕事や好きになれない人は、必ず存在します。「好きになろう」としてもなれないのが現実です。好きなことをしていても、疲れてきたり、思うようにコトが運ばないときは、やはりパフォーマンスは低下します。それを支えるのが「好子出現の強化」です。

ここまでは、自分自身の行動を強化する方法を説明してきましたが、この理論はグループを指揮していくリーダーシップにも使うことができます。もし自分が子供の親であり、会社では上司や先輩であったら、子供や部下を動かすには、その人が何を欲しているかをチェックして、**行動の直後にそれを出すことで、行動の強化**につながります。良い行動をするたびに、なにかご褒美をあげるわけにはいきません。ご褒美をあげるとしたら、「褒め言葉」です。褒め言葉は、できるだけすぐに言わなければ効果がありません。できるだけその日のうちに、すぐその場で、毎回セリフを変えて、褒め言葉をかけてあげることで、行動を強化していくことができます。

あなたのご褒美は何ですか？

DO IT 苦手な仕事は、ごほうびを想像して乗り切る

RULE 26

やる気の仕組み

やる気とは、モチベーション（＝動機づけ）を意味します。心理学における動機づけの研究では、多くの理論が発表されています。やる気の理論を知っておくと、やる気が出ないときや空回りしているときに、自分で対処しやすくなります。

やる気に関する有名な理論のひとつに、**「外発的モチベーション」**と**「内発的モチベーション」**という考え方があります。外発的モチベーションとは、稼げるからやる、1番になりたいからやる、有名になりたいからやるなど、給料や昇進・昇格など経済的・社会的な報酬の獲得を目的として、がんばろうとするやる気です。親を楽にさせてやりたいから、稼ぎたい、というプロスポーツ選手は多く見られます。「お金を稼ぎたい」「高級車に乗りたい」という人やお金を評価軸にすることは、日本ではあまり好まれない傾向にはありますが、経済的・社会的報酬にやる気を見いだして、成功している人は多数います。

一方、内発的モチベーションは、楽しいからやる、好きだからやる、というように、自分への興味や挑戦から生まれるやる気です。

あなたならどちらを優先しますか。これらはどちらでもよく、そのときに自分に現れているやる気でがんばることで、効果が上がるのです。どちらか一方ではなく、**人は両方のやる気を持っています。その割合が、その時々で違うだけ**です。

一般的に、**内発的モチベーションの方が長期的に維持されやすい**と言われますが、外発的モチベーションを使って、良い結果を出す人も多くいます。やる気が出ないとき、これら外発的モチベーション、内発的モチベーション、自分は**今どちらが不足しているから、やる気が出ないのか？**　このように考えてみるとやる気の出ない理由が整理されて、対策がわかります。たとえば、経済的報酬アップを目的にやってきたけれども、お金だけでは満足できない、次は足下を見直して、内発的モチベーションでがんばってみよう、と切り替えができます。

モチベーションは、自分でコントロールすることが可能なので、やる気の仕組みを知っていれば、コントロールしやすくなります。

自分自身だけでなく、あなたが子供を持つ親であったり、会社で部下や後輩を指導する立場であったりする場合などにも使えます。相手が、今、外発的モチベーションでがんばっているのか、内発的モチベーションでがんばっているのかを見極めないと、そのがんばりにブレーキをかけてしまうことがあります。内発的モチベーション、外発的モチベーションは、どちらが良いということではなく、相手が一番反応する（＝よく現れている）モチベーションで牽引するのが効果的なのです。相手が置かれている環境によって、モチベーションは変化するからです。

内発的モチベーションでがんばっているのに、「達成したら給料を上げるよ」、と言われてしまうと、「お金のためだけにやっているんじゃない」と反発されるかもしれません。これを、「アンダーマイニング効果」と言います。報酬がモチベーションを下げてしまうことを意味します。逆に、報酬がモチベーションを上げる効果を、「エンハンシング」と言います。外発的モチベーションの方が、シ

DO IT 2種類のやる気を使いこなそう

ンプルでわかりやすいと言えます。報酬がほしいと漠然と思っていても、実際に、なにを欲しいのか、はっきりしない人も多くいます。報酬を欲しているのに、そのゴールがはっきりしない典型的な例です。**モチベーションには、必ずゴール設定が必要**です。それがないと、やる気が出てきません。外発的モチベーションに、数値的なゴールを設定することで、モチベーションが強くなり、より効果的です。

しかし**外発的モチベーションだけでは、がんばりきれない**ことも、人の心理としてあることをあらかじめ知っておきましょう。内発的モチベーションも準備しておかないと、報酬でがんばりきれなくなったときに、やる気が落ちてしまったり、調子が不安定になってしまいます。自分の心に両方のやる気があることを自覚し、両方準備しておくことで、やる気をうまくコントロールすることができます。

RULE 27

プランを実行すれば、失敗しても後悔しない

Keep it simple, stupid. これはアメリカの軍隊の中で使われた言葉です。「作戦は愚直にシンプルであれ」という意味です。複雑な作戦やゆっくりと考えなければいけない作戦は、実際の戦いの場面では役に立たない、敵を前にしたときはシンプルなことしかできない、**作戦はシンプルでないと、実戦では使えない**という意味です。

メンタルトレーニング的には、スポーツでもビジネスでも、よく検討された本番前の**プラン作成が、結果の8割を占める**と考えます。プランは、シンプルな内容である必要があります。複雑だと考えすぎてしまい、行動できなくなってしまうからです。

プランがあまりに多すぎると、迷いが出やすくなり、プランを実行しにくくなることがわかっています。これを「選択回避の法則」と言います。また、**選択肢が多すぎると、結局、普段と同じ行動を選択してしまう**ことを、「現状維持の法則」と言います。どちらにしても行動できず、判断力や決断力の向上にはなりません。

プランがシンプルであれば、実行可能性が高まります。これまで書いてきたように、メンタルトレーニングは、「行動」と「思考」をトレーニングします。特に「行動」が重要です。感情は本能的なものなので、コントロールが難しいです。感情をコントロールするためには、「行動」を変えることです。緊張、不安、焦りなどを感じてしまうと、普通は下を向いたり、眉間にしわを寄せたりします。このとき、おすすめの行動は、「上を向いて笑顔」です。緊張、不安、焦りなどのネガティブな感情を、シンプルな行動でコントロールしていくことで、やるべきことが明確になり、成功への可能性を高めます。

本書では、落ち込んだとき、イライラしたとき、やる気が出ないとき、緊張したとき……さまざまな局面で、「行動」を入れることで感情をコントロールするということを書いてきました。その「行動」は、どんな環境にあっても、道具がかぎられていても、人目が気になる場所でも、感情が乱れていても、**かんたんにすぐできる「行動」でなければ**、意味がありません。事前によく考えておいた「行動」であっても、実際にできなければ効果を発揮することはできません。

たとえば、声を出すとかその場でダッシュという行動そのものはかんたんですが、ビジネスの現場では、周囲の人目が気になって実行しにくいのではないでしょうか。**どんな環境でも自分が実行できる、やりやすい「行動」**をあらかじめ考えておく必要があります。

「フロー（実力を発揮できる理想的な心理状態）」状態に入るには、プラン作成が重要です。しかし、**プランが複雑だったり、選択肢が多すぎると決断力が鈍ります**。オーストラリアのスポーツ心理学者であるスーザン・ジャクソン博士の研究によれば、理想的心理状態（＝フロー）に入るための第1条件は、「明確なプラン」であると報告されています。行動できなければ、成功することはできないのですから、行動できるシンプルなプランを作成する必要があります。別の章で、

「優先順位をつけることは最優先」と書きましたが、結局、できることは1つか2つなのです。優先順位が一番高いプランでも、確実に実行できる**シンプルなプランでなければ、結局は実行できない**のです。

明確な**プランを忠実に実行した場合、結果的にミスしたとしても、後悔は少ない**です。逆にプランを実行しないでミスしたときの後悔は、引きずることが多いです。プラン作成は非常に重要ですが、最後はシンプルなプランにして、決めたら忠実に実行することです。

DO IT **作戦は、できるだけシンプルに**

RULE 28

集中力をムダ遣いしないために

心理学には「注意配分の法則」という理論があります。**注意の量（＝集中力の量）はかぎられており、最優先事項を決めないと、そこに注意を十分に配分できない**という考え方です。優先順位をつけられない人は、大して重要でないことに、よけいな集中力を使っているということになります。

集中力は、体力と比例関係にあります。**後回しにしたことほど、実行するための集中力は減っていきます**。集中力や決断力がない人は、優先順位を作っていません。色々なことを同時進行してしまうことで、どれも中途半端になってしまい、達成感も得られず、心身ともに疲れてしまうという悪循環に陥ってしまいます。

そこで、優先順位を考えることが必要になってきます。優先順位が高いものは何かには、個人差があります。あれもこれも重要だという考え方は、確かにその通りです。しかし、同時に複数のことをしているように見えても、結局は1個ずつ実行していくことになります。迷いが多くなってくると、不安が増幅されます。どれも重要に見えることに、きちんと**優先順位をつけるトレーニング**が大切です。最重要事項の順位を決めることができれば、心の余裕が生まれます。優先順位を決めることを繰り返していくことで、メンタル面も整ってくるのです。

心理学の世界には「パフォーマンスを上げる理想的心理状態」というものがあります。「フロー」とか「ゾーン」と呼ばれています。フローに入るためのいくつかの条件を整えれば、フロー状態に入れることがわかっています。その1つが「プラン作成」です。多くのトップアスリートが「準備が大切」と言っていますが、あれもこれも一度に多くのことはできません。優先順位を決めて、プランを決めていきます。あれもこれも重要と考えてしまい、優先順位を決めることができない人は、本番でも集中力を発揮できずに、良い結果を生むことができません。

そこで、「プラン作成」が必要になってきます。一度に多くのことはできないので、「優先順位」が大切です。プランを作成するとは、「やるべきことに優先順位をつける」ことなのです。優先順位を決めたら、やるべきことが明確になるので、集中しやすくなり、フロー状態にも入りやすくなるのです。

プランを作成し優先順位を考えるときに忘れてはいけないのが、**ゴールは何なのか**ということです。実は、ゴールにたどり着くにはどうしたらよいかということ以前に、そもそもゴールが明確になっていないことが多いのです。目の前に起きている問題を解決することだけが自分のゴールだと、まちがって認識してしまっている場合があります。さらにさまざまな雑事が多すぎて、いつの間にか自分のゴールが曖昧になったり、かき消されてしまったりしている場合もあります。目先の結果を求めるのか、遠回りでも最終的な目標達成を目指すのか。ゴールを明確にすれば、迷ったときは、**ゴールから逆算することで自ずと優先順位**が決まってきます。迷路は逆からたどると、わかりやすくなります。

たとえば、1年後あるいは10年後の理想の自分を、箇条書きで書き出したり、イラストに描くなどして、ときどき自分のゴールを確認してみてください。ときには修正したり変えたりしてもかまいません。メンタルトレーニングは「ライフスキルトレーニング」でもあり、目標達成だけでなく、自分の人生をより良く生きるためのトレーニングです。微調整をしながら進めていけばいいのです。

DO IT **優先順位を決めることを、最優先に**

RULE 29

最高の人生より、プランBの人生をイメージする

生きていれば、うまくいくときもあれば、思わぬミスやトラブルに遭遇してしまったり、思い通りにいかないとき、苦しいときも必ずあります。

スポーツでも天候の変化、環境の変化、体調の変化などはつきもので、どんなトップアスリートでも、**いつもベストコンディションでプレーできるわけではありません**。「耐える時間」や「なんとかしのぐ時間」という苦しい状況が、必ずあります。

だからといって、過剰に不安を感じていると、余計パフォーマンスは落ちてしまい、さらなるミスやトラブルを生んでしまいます。

常にベストコンディションで、常にベストプレーをできる人はいません。こう

いう苦しい時間帯にどう対処するかが、次のチャンスをものにできるかどうかの分かれ目でもあります。こういう苦しい状況に、どういうプランでのぞめばいいでしょうか。

多くのトップアスリートが実践している方法は、**ABCプランを準備**しておくことです。

A＝ベストプレー（best）
B＝ミスするならここ（better）
C＝やってはいけないプレー（worst）

この3つをあらかじめ決めておいて、実行することです。ベストではないけれど最悪ではない、**「悪くても○○」「最悪よりはマシ」という選択肢**を準備しておくことです。

全てがうまくいくプランAしか想定していないと、少しミスしたり、想定外のトラブルが起きたときに、焦ってしまいます。ミスしたらどうしようと考えてしまったり、不安が大きくなったりします。しかしABCプランを準備しておけば、**ミスしても大丈夫**と考えることができるようになります。ミスに対するプランを持つことで、最終的には自信をもつことができます。ベストではないけど、**ベターな選択肢を積み重ねる**ことによって、結果的にベストの結果につながっていくのです。

ABCプランは、スポーツだけでなく日常生活、ビジネスでも有効です。たとえばA社と1000万円の契約を成立させるのがベストプランだとして、もしそれがかなわないなら、B社、C社など別の会社と交渉する、A社と半額の500万円の契約をする、などがプランBとして考えられます。あるいは、最悪のケースが、A社と決裂することだとしたら、最悪を回避し、今回は無理せず良好な関係をキープするということでもいいかもしれません。

プランBを用意しておくことは、単にベストプランがうまくいかなかったときの、次のプラン、保険以上の意味があります。プランAが、非常に難易度が高かったり、成功率の低いプランだった場合、プランBを用意しておくことで、難しいプランAの成功率を高めることもできます。たとえベストのプランAが失敗したとしても、最悪のプランCにはならない選択肢をもっておくことで、あえてプランAにチャレンジすることもできますし、失敗しても大丈夫という精神的余裕をもって取り組むことができます。

過去の経験をもとに、**最高のシナリオと最悪のシナリオを想定して、その間にある無数のプラン**Bをできるだけたくさん準備する習慣をつけると、ピンチに強くなり、大きなチャレンジに挑む自信もついてくるでしょう。

ベストを目指すが、悪くてもベターで止めておく。この繰り返しで、次にくるチャンスをものにしていくことができるようになるのです。

DO IT 「悪くても○○」という選択肢を考えておこう

RULE 30

最後のもうひとがんばりを生み出すもの

いつも大事なところで失敗してしまう。いつも目標にあと一歩届かない。最後のもうひとがんばりが足りない。そういうとき、漠然とメンタル面が弱いからと一言で片づけられてしまうことがありませんか。

大事なところで一歩足りないのは、メンタル面が弱いからではありません。目標の切り替えができていないのです。**目標達成が近づいてきたら、ハードルを少し上げて新たな目標を設定**することで、気のゆるみやモチベーションの低下を防ぐことができます。

新たな目標に切り替えるために有効な方法が、**自分への反論・ダメ出し**です。

自分の意見に自分で反論する方法は、自分を誤った方向に導くのではなく、むしろ正しい方向へ導きたいときに使うことができます。ついつい妥協してしまったり、途中で自己満足したりすることは誰にでもよくあることです。自分を変えることは簡単ではありません。自問自答することで、自分を変えるきっかけにしていきます。ポイントは「反論すること」です。たとえば、

「ここまで出来た。**でも**まだやれるだろ？」

「かなりうまく出来た、**いや**まだやることはある！」

「あと少しで優勝、**まだまだ**自分はこんなもんじゃない！」

「あと1点で勝てる、**あと**3点取ってやろう！」

このように、自分の考えを言ったあと、「いや」「でも」「まだまだ」「あと○点」など、さらに次を目指す考えを言い聞かせます。この方法を使うことによって、自分の考えをその前の考えに上書きしていきます。これを認知の置き換えと言います。**目標が見えてくると、集中力が低下する**ことが多々あります。「あと1点で追いつく」「残り1kmでゴール」など、心の中で「あとどれくらい」とカウントダウンをし始めると、そこに注意が向いてしまい、肝心のやるべきことへの

注意がおろそかになってしまいます。残りの距離や時間を意識することは、やむを得ないことです。そう思ったすぐ後に、それに対して反論し、次を目指す考えを言い聞かせます。逆転負けが多い、実力はあるけれども……とよく言われるタイプであったり、いつも惜しいところで優勝を逃すタイプの人が、目標を達成するには必要なメンタルテクニックです。これを習慣化することで、最後まで集中力を切らさず、目標を達成することができます。

皆さんの日常生活では、どうでしょうか？　人間関係や仕事面でもあと一つの工夫やがんばりがあれば、目標を達成できたのではないか、と思うことはありませんか。毎回目標を達成できるとはかぎりませんが、何回かに1回の目標達成が積み重なることで、自信につながります。ゴールが見えてくると、脳の活性は弱くなります。逆に**目標達成まで、まだまだこれからというときに、脳は活性化**します。自分への反論や自分へのダメ出しは、集中力が切れるのを防いで、苦しい場面での忍耐力を高めてくれます。

DO IT

自分で自分に反論して、目標を上方修正しよう

おわりに

感情のコントロールについて、科学的な見地から、この本を書いてみました。いかがだったでしょうか？

我々の日常生活は、ＳＮＳなどの発展により、スピードが増しており、自分の気持ちの整理がつかないうちに、どんどん話が展開してしまう世の中です。自分の気持ちが整理できないと、相手の話もしっかりと聞く余裕ができません。そのようなことから、ちょっとした行き違いになり、トラブルになったり、人間関係が悪化してしまうことが大変多くあります。

私はスポーツ心理学者で、アスリートに対して、メンタル面のコンサルティングをしています。良い結果を出すために、日常生活からメンタル面を変えていくサポートをしています。本番だけメンタル面を変えようとしても、無理だからです。

これはアスリートにかぎったことではなく、多くの一般の方々にも言えることです。日常生活でもビジネスにおいても、一般の方々が、自分の目標を達成するために、日頃のメンタル面のプロセスをきちんと整えておけば、いざというときに、うまく機能します。目標を達成できれば、自信につながります。メンタル面の強化だけでは、目標を達成できませんが、強いメンタルを持っていれば、厳しい試練に耐えることができます。それが、さらに大きな自信につながります。一方、ときとして自信は慢心を生み、失敗を招くこともあります。

しかし、そのような危険性があることを予測できていれば、その時々で必要なメンタル面をトレーニングして、乗り切ることができます。

メンタルトレーニングについては、色々な情報がありますが、個人の経験や根性論では、成功の再現性はありません。きちんと理論に基づいたメンタルトレーニングが必要です。メンタルテクニックは、ライフテクニックです。ぜひ科学的裏づけのあるメンタルテクニックを身につけていただき、より素晴らしい人生のサポートになれば幸いです。

作新学院大学　笠原彰

参考文献

B・カーウェン他　下山晴彦監訳　２００４　認知行動療法入門　金剛出版

G・R・ファンデンボス監修　２０１３　ＡＰＡ心理学大辞典　培風館

G・ヴァリアンテ　２００６　タイガーウッズも震えてる。ゴルフダイジェスト社

速水敏彦　２０１２　感情的動機づけ理論の展開　ナカニシヤ出版

伊藤絵美　２００５　認知療法・認知行動療法カウンセリング　星和書店

Jean M.Williams & Vikki Krane 2015 Applied Sport Psychology Mc Graw Hill Education

Joaquin Dosil 2006 The Sport Psychologist's Handbook WILEY

鹿毛雅治　２０１２　モティベーションをまなぶ12の理論　金剛出版

鹿毛雅治　２０１３　学習意欲の理論　動機づけの教育心理学　金子書房

金井壽宏　２００６　働くみんなのモティベーション論　ＮＴＴ出版

高妻容一　１９９５　明日から使えるメンタルトレーニング　ベースボールマガジン社

Mark W.Aoyagi & Artur Poczwardowski 2012 EXPERT APPROACHES TO SPORT PSYCHOLOGY Fitness Information Technology

M・ジャーヴィス　２００６　工藤和俊・平田智秋訳　スポーツ心理学入門　新曜社

日本スポーツ心理学会編　２００８　スポーツ心理学事典　大修館書店
R.M.Nakamura　野川春夫他監訳　２００１　選手が育つポジティブ・コーチング　サイエンティスト社
R・シンガー他　山崎勝男監訳　２０１３　スポーツ心理学大事典　西村書店
Robert S.Weinberg & Daniel Gould 2011 Foundations of Sport and Exercise Psychology 5th Edition Human Kinetics
櫻井茂男　２００９　自ら学ぶ意欲の心理学　有斐閣
Shane Murphy 2005 THE SPORT PSYCH HANDBOOK Human Kinetics
島宗　理　２０１５　リーダーのための行動分析学入門　日本実業出版社
S・A・ジャクソン他　今村浩明他訳　２００５　スポーツを楽しむ　フロー理論からのアプローチ　世界思想社
外山美樹　２０１１　行動を起こし、持続する力　モチベーションの心理学　新曜社
築山　節　２００９　脳から変えるダメな自分　ＮＨＫ出版
上地安昭　１９９０　学校教師のカウンセリング基本訓練　北大路書房

著者

笠原彰（かさはら・あきら）

作新学院大学准教授

日本体育大学大学院卒。日本スポーツ心理学会認定スポーツメンタルトレーニング上級指導士。プロゴルフ、プロテニスなどのトップアスリートや中高生チームの指導などスポーツメンタルコンサルタントとして国内十指に入る豊富な実績をもつ。近年はスポーツ分野にとどまらず、アミューズメントから金融まで広く一般企業でビジネスパーソンのメンタルスキルトレーニングも手がける。著書に『誰でもできる　最新スポーツメンタルトレーニング』などがある。

ホームページ　https://mental-consultants.com/

“メンタルワークアウト”で検索

気持ちの片づけ術

2017 年 2 月 1 日　初版第 1 刷発行

著 者　笠原彰

協 力　　　一般社団法人　社会整備サポート協会
イラスト　　加納徳博
デザイン　　井上新八

発行者　鶴巻謙介
発行所　サンクチュアリ出版
〒151-0051　東京都渋谷区千駄ヶ谷 2-38-1
TEL 03-5775-5192　FAX 03-5775-5193
http://www.sanctuarybooks.jp
info@sanctuarybooks.jp

印刷・製本　中央精版印刷株式会社